世界15ヵ国で大絶賛の極上エンターテインメント

桂三輝の英語落語

<ruby>英語<rt>サンシャイン</rt></ruby>

アルク

どうして英語落語なの?

英語の上達が早い人に共通する特徴をご存じでしょうか。それは ── ❶「あれこれ悩まず、行動を起こしている(勉強を始めている)」、❷「英語の勉強を楽しんでいる」の2つです。

どの学習法が自分に向いているのだろうか…などと悩んでいる時間があったら、これと決めて勉強をスタートする。途中で問題があったら軌道修正をする。始めてみないと問題点に気づくこともできません。行動が早い人は英語学習に限らず、成功している人が多いですよね。

そして、一旦始めたら、その勉強を楽しむ。「楽しい→続く→上達する→さらに楽しい」という好循環に乗れたらしめたもの。上達が早い人は、TOEICなどの資格試験の勉強でも、まるでゲームのように楽しんでいるものです。
でも、楽しめと言われても、学校の英語の時間はつまらなかった…、映画やドラマなら楽しめそうだけど英語が難しすぎて挫折した…、というつらい体験をした人はたくさんいるでしょう。そんな人に試してほしいのが本書です。

聴いて楽しい、読んで楽しい、しかも難易度も高くなく、それでいてオーセンティックな生の英語 ── そんな学習素材にはなかなか出合えません。三輝さんの英語落語は、まさにそんな学習素材を求めている人にうってつけです。落語好きならなおさらその良さを味わっていただけるはず。落語に苦手意識がある人でも、英語で聴くと違った世界が開けるかもしれません。

三輝さんの英語落語は、ブロードウェイ公演をはじめ、ヨーロッパ、アジア、アフリカでも披露され、人気を博しています。ぜひ、あなたも、英語を聴いて笑う、つまり英語を楽しむ体験を本書で始めてください。

『桂三輝の英語落語』制作委員会

※本書は、アルクの英語学習誌『ENGLISH JOURNAL』2016年4月号から6月号で掲載されて大きな反響を呼んだ特別連載を元にまとめたものです。

目次

Chapter 1 噺壱 Greetings／挨拶 — 9

Chapter 2 噺弐 Miso Beans／みそ豆丁稚 — 43

Chapter 3 噺参 Soap Story／せっけん噺 — 63

Chapter 4 噺四 Jugemu／寿限無 — 91

Chapter 5 噺五 The Perfect Job／動物園 — 107

本書の構成と使い方の基本

本書は、桂三輝の英語落語を
5題、収録しています。
どの噺も、2つのパートで成り立っています。

① スクリプトと訳のページ

音声ファイル番号
です。音声の入手
方法 → p. 8

黒いイタリック体の
語句は、発音する
ときや聞き取るとき
に注意したい音の
変化をカタカナで
示しています。

番号のついた文や
語句は「落語で学
べる英語表現」の
ページで解説して
います。

Chapter 1 : Greeting

001

Uh, ladies and gentlemen, thank you very much for com-
ing today. I am a traditional Japanese "rakugo" comic storyteller,
and my name is Katsura Sunshine!

I have been performing, the last few years, rakugo all over
the world. Uh, and it's interesting — when you go across the
world, you know, you learn that rakugo is, in what you say in
Japanese, "Bankoku kyotsu" — it appeals to everyone. It's very
easy to translate rakugo into English, into French, into lots of
other languages, but when I perform abroad, I usually have to
start with a little bit of an explanation to people so they under-
stand. And the explanation goes a little bit like this:

When we perform rakugo, we use only two props. In
Japanese, we call this "sensu." In English, we call this a fan.
In Japanese, we call this a "tenugui." In English, we call this a
hand towel. So far, so good, right? When we perform rakugo,
we wear special clothing. In Japanese, we call this a kimono. In
English, we call this a kimono. When we perform rakugo, we
kneel in this very special particular way. In Japanese, we call this
"seiza." In English, we call this punishment.

語彙と発音

the last few years
ここ 2, 3 年

all over the world
世界中で

go across ~
~を横断する

appeal to ~
~にウケる

little bit [リロビッ]

call this "sensu."
これを「扇子」と呼ぶ

in this very special
particular way
こんなふうにとても特別で
独特なやり方で

訳

えー、皆さん、本日はご来場いただき、厚く御礼申し
上げます。私は日本の伝統芸能「落語」の噺家で、桂
三輝と申します!

面白いもので、世界中で落語を演じています。えー、
落語の日本語で言う「万国共通」だということが分か
ります。誰にでもウケるんです。落語を英語やフラン
ス語や何か多くの外国語に訳すのはとても簡単なこ
とですが、海外で演じるときは、皆さんに分かって
いただけるように、たいていは、ちょっとした説明から
始めなければなりません。で、その説明とは、まるこ
んな感じです。

落語を演じるとき、小道具はふたつしか使いません。
日本語でこれは「扇子」と呼びます。英語では「ファ
ン」と呼びます。日本語ではこれを「手拭い」と呼びます。
英語では「ハンドタオル」と呼びます。ここまで、大丈
夫ですね? 落語を演じるときには、特別な服を着ま
す。日本語でこれは「着物」と呼びます。英語では「キ
モノ」と呼びます。落語を演じるとききには、こんなよう
に膝を折って、とても特別で独特な座り方をします。
日本語でこれは「正座」と呼びます。英語では「オシ
オキ」と呼びます。

10   11

使い方の基本 ①

まずは音声を聞いて、落語を楽しんでください。聞き取れなかった箇所、意味が分
からなかった箇所があったらスクリプトで確認しましょう。そのあと、p. 6 の「目的別・
効果的な学習法」に沿って、自分の弱点を強化してください。

Profile

桂三輝

かつら・さんしゃいん／能と歌舞伎に興味を抱き、1999年に来日。2003年からアコーディオン漫談や英語落語の活動を始める。'07年に大阪芸術大学大学院芸術研究科に入学し、落語を研究。'08年、桂三枝（現・六代桂文枝）に弟子入りし桂三輝と命名される。'13年、在日本カナダ商工会議所文化大使に就任し、北米ツアーを開催。'14年からワールド・ツアーを開始、13カ国を巡る。アフリカツアーも果たし、世界5大陸を制覇。'15年、日本スロヴェニア親善大使に就任。'19年には ニューヨークの歴史あるオフブロードウェイにある劇場、ニュー・ワールド・ステージにて初めてとなる落語のロングラン公演。さらに、英語、フランス語を使ったワールドツアーを開始し、これまで5大陸15カ国で講演を行い、日本の伝統文化を世界に発信している。

【解説、コラム執筆】

松岡 昇：アルクの通信講座「1000時間ヒアリングマラソン」の主任コーチ。
　　　　獨協大学、東洋大学講師。著書に『日本人は英語のここが聞き取れない』（アルク）など。自身も英語落語を披露し、落語に造詣が深い。

2　落語で学べる英語表現のページ

落語で学べる英語表現を、「（汎用性の高い）表現」「文法」「話術」の3つの観点でピックアップして解説します。

解説した英語表現を含む会話例やトークの例です。音声を参考に、日本語を見て英語がスムーズに出てくるようになるまで練習しましょう。

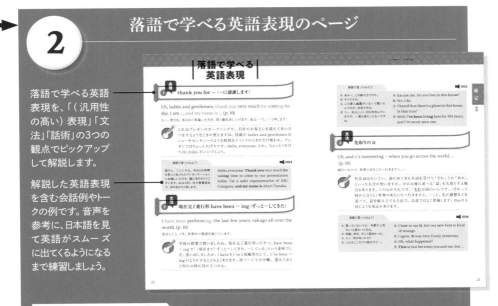

使い方の基本 2

英語落語は、頻出日常会話表現が満載です。聞くだけで終わらずに、汎用性の高い表現や語句を身に付けましょう。解説を読んで再び落語を聞くと、理解が深まっていることに気づくはずです。それが終わったら、次ページにある「目的別・効果的な学習法」に沿った学習をすると、さらに英語力を伸ばすことができます。

目的別・効果的な学習法　　松岡 昇

三輝さんの英語落語を、聞いたり読んだりして楽しむだけではもったいない！　楽しみながら触れた英語はあなたの血肉になりやすい、格好の学習素材でもあります。それらを生かして、Listening（リスニング力）、Speaking(スピーキング力)、Pronunciation(発音力)を鍛えませんか。

L　リスニング力を鍛える学習法
Listening

1　リスニング

　　まずは、どれくらい聞き取れるかを試してみましょう。できるだけ噺の途中で音声を止めずに通して聞き、聞き取れなかった部分に下線を引きます。

2　リピーティング

　❶で下線を引いた部分の音声を聞いて、三輝さんの発音を真似してください。ポイントは、
▶音の「強弱」や「イントネーション」に気をつける。
▶音変化（次ページ）＝「連結」「同化」「脱落」にも注意する。
です。発音が上手にできるようになると聞き取れる
ようになります。うまく発音できるようになったら、
もう一度下線部をリスニングしてみてください。
前より聞き取れるようになっているはずです。

S　スピーキング力を鍛える学習法
Speaking

1　語句・表現の収集

　　スクリプトを読み、自分にとって必要な英語の語句や表現とその訳の両方に蛍光ペンでマークします。マークした部分を「英語を日本語に」「日本語を英語に」できるように練習します。

　　特に汎用性の高い表現や、文法ポイントを含む表現、話術として使える表現は、それぞれの噺の後に「落語で学べる英語表現」として取り上げています。解説を読み、【英語で言ってみよう！】のコーナーで練習してください。日本語を見て英語がスムーズに口に出るようになるまで繰り返し練習しましょう。

② リード＆ルックアップ

　スクリプトを何度か音読し、その後、「リード＆ルックアップ」の練習をします。英文を1文読んで（read）、すぐ顔を上げ（look up）、英文を見ないでその英文を言う練習です。こうすることで、多くの表現が口を通して身に付きます。

L&P　リスニング力と発音を同時に鍛える学習法

Listening　pronunciation

シャドーイング

　耳と発音を一気に鍛えたいなら、シャドーイングがお勧めです。英文を見ないで音声を聞き、少し（1〜2秒）遅れて聞こえた英文を口に出します。ひとつの噺をノーストップで行うとよいでしょう。間違いなど気にせず、できるだけ音声を忠実に再現することを心掛けてください。間違っても誰にも叱られません。

　ただし、「オウム返し」はNGです。意味をかみしめながら行います。訳を介さずに、英語で英語を理解するチャンネルが少しずつ形成されます。ハードな練習ですが、耳が研ぎ澄まされ、流ちょうに発音することも可能になります。実は、この練習は、日本人にとってスピーキングの大きな障害となっている「語順の壁」を克服するのにも、とても効果的な練習です。

「音変化」について

英語が聞き取りづらい要因のひとつに「音変化」が挙げられます。代表的なものに以下のものがあります。

---

① 連結：前の子音と後続の母音がつながる現象

　例 all over　　「オール オウヴァ」が「オーロウヴァ」とつながる

---

② 同化：隣り合う2つの音が一方に似通ったり、混じり合ったりする現象

　例 Thank you.「サンク ユー」ではなく「サンキュー」と混じり合った別な音になる

---

③ 脱落：似た音が隣接して、一方の音が脱落（弱化）する現象

　例 sit down　　「シダウン」のように、sitのtの音が脱落もしくはとても弱くなる

本書の音声の入手方法

無料

本書の音声はすべて、スマートフォンやパソコンに
無料でダウンロードできます。
ぜひ、活用してください。

📱 スマートフォンの場合

語学のオトモ ALCO【無料】

再生スピードの変更（0.5倍〜3倍）や数秒の
巻き戻し・早送り、リピート再生などが可能になります。

1 語学学習用アプリ ALCO の ダウンロード	スマホに、アルクが無料提供している アプリ「語学のオトモ ALCO」を ダウンロード。 ※ App Store、Google Play から「ALCO」で検索	
2 ログイン	アルクのメールアドレス ID とパスワードでログイン。 ※ ID をお持ちでない方は新規登録（無料）が必要です	
3 本書の音声を ダウンロード	ALCO のホーム画面から「ダウンロードセンター」をタップ。 本書の商品コード 7020004 で検索し、 ダウンロードしてください。	

すでに ALCO 入手済の方はこちらから →

🖥 パソコンの場合

以下のサイトで本書の商品コード
7020004 で検索してください。

アルクのダウンロードセンター
↓
https://www.alc.co.jp/dl

※ ALCO のサービス内容は予告なく変更する場合がございます。あらかじめご了承ください。

Greetings

Knock, knock!

写真：田村 充

あらすじ | 最初の噺『挨拶』は、次に続く『みそ豆丁稚』の枕として語られています。三輝師匠はここで、落語を英訳するときの難しさを語り、英訳しにくい日本語の言い回しの例として「よろしく」を取り上げます。さらに、「よろしく」をもっと丁寧に言う言い方を語りながら、さりげなく日本語の敬語の構造をも分析してみせます。噺の最後に語られる、師匠ならではの「枕」という言葉の解釈も聞きモノです。

目的別・効果的な学習法　　　　　　　　　　　　　　　　　　　※詳細はp. 6, 7

L　☐ ❶ リスニング　　　**S**　☐ ❶ 語彙・表現の収集　　**L&P**　☐ シャドーイング
　　☐ ❷ リピーティング　　　　　☐ ❷ リード＆ルックアップ

＊それぞれの練習が終わったら☑を入れましょう。

 **001** 落語は万国共通

Uh, ladies and gentlemen, ❶ thank you very much for coming today. I am a traditional Japanese "rakugo" comic storyteller, and my name is Katsura Sunshine!

❷ I have been performing, the last few years, rakugo all over the world. Uh, and ❸ it's interesting, when you go across the world, you know, you learn that rakugo is, in — what you say in Japanese, "Bankoku kyotsu" — it appeals to everyone. It's very easy to ❹ translate rakugo into English, into French, into lots of other languages, but when I perform abroad, I usually have to ❺ start with a little bit of an explanation to people so they understand. And the explanation ❻ goes a little bit like this:

When we perform rakugo, we use only two props. ❼ In Japanese, we call this "sensu." In English, we call this a fan. In Japanese, we call this a "tenugui." In English, we call this a hand towel. ❽ So far, so good, right? When we perform rakugo, we wear special clothing. In Japanese, we call this a kimono. In English, we call this a kimono. When we perform rakugo, we kneel in this very special, particular way. In Japanese, we call this "seiza." In English, we call this punishment.

語彙と発音

the last few years
ここ2、3年

all over the world
世界中で

go across ~
~を横断する

appeal to ~
~にウケる

little bit [リロビッ]

call this "sensu"
これを「扇子」と呼ぶ

in this very special,
particular way
こんなふうにとても特別で
独特なやり方で

訳

えー、皆さま、本日はご来場いただき、厚く御礼申し上げます。私は日本の伝統芸能「落語」の噺家で、桂三輝と申します！

私はここ2、3年、世界中で落語を演じています。面白いもので、世界のあちこちへ行きますと、えー、落語が日本語で言う「万国共通」だということが分かります。誰にでもウケるんです。落語を英語やフランス語やほかの多くの外国語に訳すのはとても簡単なことですが、海外で演じるときは、皆さんに分かっていただけるように、たいていは、ちょっとした説明から始めなければなりません。で、その説明とは、まあこんな感じです。

落語を演じるとき、小道具は2つしか使いません。日本語でこれは「扇子」と呼びます。英語では「ファン」と呼びます。日本語でこれは「手拭い」と呼びます。英語では「ハンドタオル」と呼びます。ここまで、大丈夫ですね？　落語を演じるときには、特別な服を着ます。日本語でこれは「着物」と呼びます。英語では「キモノ」と呼びます。落語を演じるときには、こんなふうに膝を折って、とても特別で独特な座り方をします。日本語でこれは「正座」と呼びます。英語では「オシオキ」と呼びます。

Then, when you have that much of an explanation, then you're ready to go.

Also, there are ❾ certain parts of Japanese, certain aspects of Japanese, certain phrases and words in Japanese that are difficult to translate into English. When we perform rakugo, we always start with a long and formal greeting to the audience. And the greeting goes a little bit like this:

皆さま、ご来場いただき、ありがとうございます。厚く御礼を申し上げます。私、こう見えても落語家なんです。桂三枝あらため六代桂文枝の15番目の弟子の、桂三に輝と書きまして、桂サンシャインでございます。どうぞよろしくお願いいたします！

So if you translated this greeting into English, it would go like this:

Ladies and gentlemen, thank you for coming.

So you see, English can be much shorter. There's also other specific greetings we do in Japanese. We say:

皆さま、遠いところからお忙しい中お越しいただきまして、恐縮でございます。

This in English says:

Ladies and gentlemen, thank you for coming from a faraway place at a busy time in your lives.

So sometimes English is longer. This is no problem in Japan;

語彙と発音	訳

さて、だいぶ説明しましたので、先に進んで大丈夫ですね。

また、日本語には、英語に訳すのが難しい部分と言うか側面と言うか、言い回しや言葉が幾つかあります。落語を演じるときに、私たちはいつもまず長くて改まった挨拶をお客さまにして始めます。で、その挨拶というのは、まあこんな感じです。

would go ［ウッゴウ］

で、この挨拶を英語にすると、こんなふうになります：

皆さま、ご来場ありがとうございます。

much shorter
ずっと短く
specific
独特な

こんな具合に、英語ではずっと短くなったりします。ほかにも日本語での独特な挨拶があります。こういうものです：

英語ではこうなります：

皆さま、遠いところからお忙しい中お越しいただきまして、ありがとうございます。

英語の方が長くなることもあります。こうした挨拶は、日本では問題になりません。ただ形式的に挨拶し

people understand that this is just a formal greeting. ⑩ I'm being polite. I'm thanking the audience for ⑪ taking the trouble to come and hear me perform. But when I perform in other countries, sometimes this kind of greeting runs me into problems. I was performing in my hometown of Toronto, in Canada, about one year ago, when I said, "Ladies and gentlemen, thank you for coming from a faraway place at a busy time in your lives." And one audience member stood out. He stood up and called out to me, "Oi! I'm not busy! ⑫ If I was busy, I would not be coming here to see you!"

◀ 002 どうかむちで打ってください…

Then we have ⑬ another word that's, uh, we use at the beginning of the stories: "Yoroshiku." It's a very specific word in Japanese, very difficult to translate into English. How ⑭ would you translate this? Yoroshiku. I translate it something like: I thank you ⑮ in advance for your kindness. Because, you know, when we meet someone for the first time, we say, "Yoroshiku," or when we start a day of work together, we say, "Yoroshiku," or when I start a performance in front of an audience, I will say, "Yoroshiku." And the thinking is if I meet you for the first time in Japan, I know ⑯ someday you will be kind to me.

And so I am thanking you now in advance for that kindness. Or if I'm performing in front of you, I will say some funny things,

come and hear me
perform
私が演じるのを聞きに来る

ているだけだと、皆さんはご存じだからです。私は礼
儀正しくしているわけです。わざわざ私の噺を聞きに
来てくださったお客さまに、お礼を申し上げているわ
けです。しかし、ほかの国でやるときには、この手の
挨拶が厄介なことになるときもあります。私が故郷カ
ナダのトロントで1年くらい前に演じたとき、「皆さま、
遠いところからお忙しい中ご来場いただきまして、あ
りがとうございます」と言うと、観客の中から一人が立
ち上がりました。立って私に叫ぶんです。「おーい、お
れは忙しくないぞ！　忙しかったら、お前を見にこんな
所に来るもんか！」

call out to ~
～に大声で呼び掛ける

at the beginning of ~
～の始めに

それから、噺を始めるときに言う別の言葉に「よろし
く」というのがあります。日本語独特の言葉で、英訳
するのがとても難しいです。皆さんならどう訳しますか、
「よろしく」を。私はこんなふうに訳します、「あなたの
親切にあらかじめ感謝します」。というのも、ご存じの
ように、私たちは人と初めて会うと「よろしく」と言いま
すし、一緒に一日の仕事を始めるときに「よろしく」と
言います。また、お客さまの前で一席始めるときに、
私は「よろしく」と言います。そして、そこには、日本で
人と知り合いになれば、いつか私に良くしてくれるは
ずだ、との思いがあるのです。

something like
こんなふうに

*in advance
[イナドゥヴンス]

for the first time
初めて

そういうわけで、今、私はあらかじめその親切に感
謝しているわけです。また、私が皆さんの前で演じ、
何か面白いことを言えば、皆さんがきっと笑ってくれる

and I know that you will laugh. But I also know that you will laugh sometimes, [17] even though you [18] don't necessarily think it's funny, just to be kind to me, the performer. [19] And so I am thanking you now for that kindness.

[20] The problem is — and this also makes it difficult to translate the word yoroshiku — is, it is not polite enough. We have to make it more polite. So there are three ways to make any Japanese word or phrase more polite. Right? [21] No. 1: You raise the status of the other person. No. 2: You lower your own status. Or No. 3: You raise the status of the other person [22] at the same time as lowering your own status.

So to make it little bit more polite, I'd say, "よろしくお願いします. I humbly thank you in advance for your kindness." You see, I'm [23] humble. I'm going down. I'm being more polite. Or "よろしくお願いいたします. I humbly thank you in advance for your esteemed kindness." So now, the kindness you are going to do for me is going up to "esteemed" and I'm still going down to "humble." I'm being more polite to you.

The next one: "よろしくご指導のほどお願い申し上げます. I hope I am humble [24] enough to accept your esteemed kindness and teaching." So now you are all becoming my teacher, I'm going down to your student, and so I'm being more polite to you. I'm not actually [25] planning on learning anything from you today, right? This is just a way to be polite. And the last version of this is "よろし

語彙と発音

make it difficult to *do*
〜するのを難しくする
make it [メイキッ]
way to *do*
〜する方法

esteemed
尊敬された

訳

だろうと踏んでいます。でも、必ずしも面白いと思わないようなときでも、皆さんは演者の私に気を使って、笑ってくれることもあるだろうとも思っています。そういうわけで、今、その親切に感謝しているのです。

　ただ問題は——これもまた「よろしく」を訳すのを難しくしているのですが——「よろしく」は十分に丁寧ではない、ということです。より丁寧にしなければなりません。そんなわけで、どんな日本語の言葉や言い回しであれ、それをより丁寧にする方法が3つあるんです。その1：相手の地位を上げる。その2：自分の地位を下げる。あるいは、その3：自分の地位を下げると同時に、相手の地位を上げる、です。

　ということで、「よろしく」をもう少し丁寧にするには、「（日本語で）よろしくお願いします。（英語で）あなたの親切にあらかじめ謹んで感謝します」と言います。私が謙虚なのがお分かりですね。私がへり下っています。より丁寧になっています。あるいは、「（日本語で）よろしくお願いいたします。（英語で）あなたのご親切にあらかじめ謹んで感謝いたします」と言います。こうなると、皆さんが私にしてくれようとしている親切は「敬服される」までに格が上がり、私はなおも「謙虚」になります。私は皆さんに対し、さらに丁寧になっていきます。

　次は：「（日本語で）よろしくご指導のほどお願い申し上げます。（英語で）私は謹んであなたのご親切とご指導を賜りたいと願っています」。こうなると、皆さんが全員、私の先生になり、私はへり下って皆さんの

17

くご指導ご鞭撻のほど、願わしゅう存じております," [26] which translated into English means "Please teach me and hit me with a whip." So if you're being hit with a whip, then you know you're being very, very polite in Japanese.

▶️003　夢の世界へお連れします

Well, this is the first part of the rakugo story. It's called the "makura." It's called the pillow, and [27] the reason it's called the pillow is because when I start the story, I am going to bring you into my dream world. So before you go into my dream world, you have to put your head on the pillow and go to sleep. Please do not really go to sleep, ha-ha. It's just a figure of speech.

But the next part, I will start the story. And when I start the

語彙と発音

whip
むち

訳

生徒になり、こうして、私はさらに皆さんに対し丁寧になります。今日、皆さんから、私が実際に何か教わる予定ではありませんよね。丁寧にするための方法にすぎません。そして、この最後のバージョンは、「よろしくご指導、ご鞭撻のほど、願わしゅう存じております」、これを英語に訳すと、「どうか私に教えてください、そして、むちで打ってください」となります。ですから、もし、誰かがむちで打たれているとしたら、その人は日本語でとてもとても丁寧な言い方ができている、ということです。

bring you into my
dream world
あなたたちを私の夢の世界
へ連れていく

before ~
～する前に

figure of speech
比喩

　えー、これが落語の導入部分です。「枕」と言います。「ピロー（枕）」と呼ばれます。「枕」と呼ばれる理由は、噺の初めのところで、皆さんを私の夢の世界へお連れするからです。ですから、夢の世界に入る前に、皆さんは枕の上に頭を乗せ、そして、眠らなければなりません。本当に眠らないでくださいよ。ハハハ。ただの比喩ですから。

噺
壱

挨
拶

story, then I play one character by putting my head to the right and another character I, putting my head to the left, like this. It start—a lot of the stories start with someone knocking on the door, uh, like this:

「こんにちは、いてるか。こんにちは、こんにちは」

「おー、誰や思たら、おまはんかいな。まあ、ちょっと上がりいな、上がりいな」

Very easy to translate into English:

"Hello! Anybody home? Hello! Hello!"

"Oh, I was wondering who it was. It's you. It's you. Come on over, come on over, come on over."

It's no problem to translate into any language; everybody understands rakugo. Sometimes people don't understand what I'm doing. I was performing for some grade school students, some elementary school students, a year ago in Japan, in Japan, and I, I was performing in English — they all spoke English — but it was in Japan. I was performing, the children, and I told them some joke, uh, jokes, and they were laughing, and then I suddenly started my story. I said, "Hello!" and suddenly 250 grade school students leaned forward and said, "HELLO!" You don't have to answer. Well, [28] it's a lot of fun performing for children, but actually a lot of the traditional rakugo stories have children coming out in the stories as characters. And I hope you enjoy the story today. It's called "Misomame Detchi," or "The Miso Beans."

語彙と発音

put my head to the right
右を向く

I was wondering who ~.
~は誰かと思っていた。

come on over
[カモノヴァ]

grade school
小学校

lean forward
身を乗り出す

come out in ~
~に登場する

訳

　さて、ここから、噺を始めますよ。で、噺が始まると、私は右を向いて登場人物の一人を演じ、左を向いて別の人物を演じます、こんなふうに。噺は—多くの噺は、誰かが戸をたたくことから始まります、こんなふうに：

　簡単に英訳できますね：
「こんにちは！　いてるか。こんにちは！　こんにちは！」
「おー、誰や思たら。おまはんかいな。おまはんかいな。上がりいな、上がりいな、上がりいな」

　何語に訳すのも問題ありません。皆さん、落語を理解します。時には、私が何をやっているのか、聞いている人がわからないこともあります。小学生向けに1年前に日本で演じていて、日本でなんですが、英語でやっていまして—みんな英語を話すんですね—でも、日本なんですよ。で、その子どもたちに向けて演じていて、ジョークを幾つか言って、みんな笑っている中、突然、噺を始めたんです。私が「こんにちは！」と言ったら、突然250人の小学生が身を乗り出して「こんにちは！」。返事しなくていいんですけど。まあ、子どもたちに向けて演じるのはとても楽しいんですが、実は落語の多くの噺には登場人物に子どもが出てきます。で、今日の噺も楽しんでいただけたらと思います。「みそ豆丁稚」（みそビーンズ）という噺です。

21

落語で学べる
英語表現

表現 ❶

thank you for ～（～に感謝します）

Uh, ladies and gentlemen, thank you very much for coming to-day. I am ..., and my name is ... (p. 10)

えー、皆さま、本日はご来場いただき、厚く御礼申し上げます。私は …で、… と申します。

これはプレゼンのオープニングや、自社にお客さんを迎えてあいさつをするようなときに使えますね。冒頭の ladies and gentlemen はショーやセレモニーのような特別なイベントのときにだけ使われ、プレゼンではちょっと大げさです。Hello, everyone. とか、ちょっとくだけて Hi, folks. がいいでしょう。

英語で言ってみよう！　　　　　　　　　　　🔊 **004**

皆さん、こんにちは。今日はお時間を取って私どものプレゼンテーションにお越しいただき、誠にありがとうございます。私は ABC 社の営業担当で、田中あかりと申します。

Hello, everyone. **Thank you** very much **for** tak**ing** time to come to our presentation today. I'm a sales representative of ABC Company, **and my name is** Akari Tanaka.

文法 ❷

現在完了進行形 have been *do*ing（ずっと～してきた）

I have been performing, the last few years, rakugo all over the world. (p. 10)

私はここ 2, 3 年、世界中で落語を演じています。

学校の授業で習いましたね、現在完了進行形ってやつ。have been *do*ing で「（現在まで）ずっと～してきた、～している」という意味でした。思い出しましたか。I have を I've と短縮形にして、I've been *do*ing のようにすることもよくあります。次ページ上の小噺、覚えておくと何かの時に役に立つかも。

英語で言ってみよう！　◀ 005

A: あのー、この家の方ですか。
B: そうですが。
A: この家に幽霊がいるって聞いたんですが。本当ですか。
B: うー、私はここに300年住んでいますが、一度も見たことないですね。

A: Excuse me. Do you live in this house?
B: Yes, I do.
A: I heard that there's a ghost in this house. Is that true?
B: Well, I**'ve been** liv**ing** here for 300 years, and I've never seen one.

文法 3　**先取りの it**

Uh, and it's interesting – when you go across the world, ...
(p. 10)
面白いもので、世界のあちこちへ行きますと、…

代名詞はたいてい、前に出てきた名詞を受けて「それ」とか「あれ」といった具合に使いますが、中には後に述べる「話」を先取りする場合もあります。このitがそれです。「それは面白いんです、（それって何かと言うと）世界のあちこちへ行きますと、…」と、先に感想などを述べて、話を組み立てる方法で、会話ではよく登場します。thisにも同じような用法があります。

英語で言ってみよう！　◀ 006

A: 言いたくないけど、今度の上司、ちょっと変わってるね。
B: 同感。昨日、すごく面白かった。
A: えっ、何があったの?
B: これはここだけの話だけど…。

A: I hate to say **it**, but our new boss is kind of strange.
B: I agree. **It** was very funny yesterday.
A: Oh, what happened?
B: **This** is just between you and me, but ...

23

表現 4 translate ～ into ... (～を…に訳す)

It's very easy to translate rakugo into English, into French, into lots of other languages. (p. 10)

落語を英語やフランス語やほかの多くの外国語に訳すのはとても簡単なことです。

三輝さんはここではこう言っていますが、実は落語の翻訳の難しさについて彼は重々承知しています。さて、translate ～ into ... ですが、これは「～を…に訳す」という表現。ここでは It is ～ to *do* (…するのは～だ) の構文と組み合わせて使っています。

英語で言ってみよう!

 007

A: この日本語の文を英語に訳すのを手伝ってくれない?
B: いいよ。この小さい機械に向かって声を出して読んでみて。
A: 何それ?
B: 翻訳機。43の異なる言語に使えるんだ。

A: Could you help me **translate** this Japanese sentence **into** English?
B: No problem. Just read it out to this gadget.
A: What's that?
B: A translator. You can use it for 43 different languages.

表現 5 start with ～ (～で始める)

I usually have to start with a little bit of an explanation. (p. 10)

たいていは、ちょっとした説明から始めなければなりません。

これは日本人がちょっと気をつけなければならない表現です。というのも、日本語では「～から始める」と言うので、この「～から」の影響で (×) start from と言いがちだからです。with を意識して、「～でもって始める」のように覚えておくとよいでしょう。

英語で言ってみよう！　◀ 008

今日の月例会議は、いつものように
マネジャーの営業報告から始めます。

We will **start** today's monthly meeting **with** the managers' sales report as usual.

A: とりあえず、ビール２本。
B: お客さま、失礼ですが、３時間前にビール２本で始めています。

A: Two beers, to **start with**.
B: Excuse me, ma'am. You "**start**ed" **with** two beers three hours ago.

表現

6 **goes (like) 〜（〜となっている／言う）**

And the explanation goes a little bit like this: (p. 10)

で、その説明とは、まあこんな感じです。

これはちょっと便利なgoの使い方ですね。「… と（のように）なっている／言う」を意味します。何かの内容や誰かの発言を説明するときに使えます。このgoは、下のように過去の話であっても、臨場感を出すために現在形で使われることが多いです。goの代わりにbe動詞を使うこともあります。

英語で言ってみよう！　◀ 009

「約束の時間に遅れて大変し訳ない」って私が言うと「あなたが遅れた？」と先方が言う。なので私が「ええ、10分ほど」と。すると彼は言うんだ、「10分遅れはインドでは遅刻にはなりません」とね。

I said, "I'm very sorry I'm late for the appointment," and he **goes like**, "Are you late?" And so I **go**, "Yes, about 10 minutes." Then he **was like**, "10 minutes late is not late in India."

In Japanese, we call this "sensu." In English, we call this a fan ... In Japanese, we call this a kimono. In English, we call this a kimono. (p. 10)

日本語でこれは「扇子」と呼びます。英語では「ファン」と呼びます。…日本語でこれは「着物」と呼びます。英語では「キモノ」と呼びます。

落語で笑いを取る話術の一つに、同じパターンの繰り返しがあります。繰り返しにより聞き手にその先を期待させ、その期待を「えっ、そっち?!」といった具合に裏切って笑いを取る。この話術はプレゼンなどでセールスポイントを強調するのにも有効です。

英語で言ってみよう！　　　　　　　　　　　🔊 **010**

| わが社のコーヒーメーカーは10秒で豆をひけます。速い。わが社のコーヒーメーカーは30秒でコーヒーを入れられます。速い。わが社のコーヒーメーカーはあなたの休憩を2分に縮めます。速い。 | **Our coffee maker can** grind beans in 10 seconds. **It's fast. Our coffee maker can** brew coffee in 30 seconds. **It's fast. Our coffee maker can** cut your break down to two minutes. **It's fast.** |

8 表現

So far, so good. (ここまでのところは大丈夫)

So far, so good, right? (p. 10)

ここまで、大丈夫ですね?

so far は「今までのところ」、so good は「とてもよい (順調)」です。これを組み合わせたのが So far, so good. (ここまでのところは大丈夫) という慣用句。**8** の文は、これに「確認」の right? (ですね?) を加えたものです。

◀ 011

英語で言ってみよう！

A: 今までのところ、何か質問は？	A: Do you have any questions, **so far**?
B: ないと思います。	B: No, I don't think so.
A: OK. ここまでは大丈夫ですね。	A: All right. **So far, so good,** right?
A: 新婚生活はどうだい？	A: How's your newly married life?
B: 今までのところ、順調。	B: **So far, so good.**

話術

9　言い換え、言い直し

Also, there are certain parts of Japanese, certain aspects of Japanese, certain phrases and words in Japanese **that are difficult to translate into English. (p. 12)**

また、日本語には、英語に訳すのが難しい部分と言うか側面と言うか、言い回しや言葉が幾つかあります。

言葉を話すのは「瞬間芸」のようなものですね。ニュースのアナウンサーのようにあらかじめ用意された原稿はありません。従って、うまく表現できずに上の赤字部分のような「言い換え」や「言い直し」がどうしても必要になります。別の語句に置き換えたり、言葉を加えたり、文全体を言い換えたりして、聞き手の理解を得られるように工夫しましょう。

◀ 012

英語で言ってみよう！

私はテニスが好きなんです、テニスをするのが。もちろんプロのトーナメントを見るのも好きですが、とにかくテニスをするのが楽しいんです、主に週末ですが。週末プレーヤーですね、言うならば。	I like **tennis**, I mean, **playing tennis**. Of course, I like watching professional tournaments, too, but I really enjoy **playing tennis**, **mostly on weekends**. I'm **a weekend player**, you could say.

27

10 be being 〜（〜のようにしている）

I'm being polite. (p. 14)

私は礼儀正しくしているわけです。

これはちょっと上級者の文法ですね。I am polite. と言うと「私は礼儀正しい」と、自分の性格を述べています。これを進行形にしたものが I am being polite. です。進行形にすると「（現在）〜している状況や状態」を表します。つまり、I am being polite. は「私は（今）礼儀正しくしている」という意味です。

英語で言ってみよう！　　　　　　　　　　　　 013

A: 彼って優しくていい人だね。

B: そう？　会社で優しく、いい人のふりをしているだけよ。

A: どうしてそんなこと分かるの?

B: 彼…、私の旦那なの。

A: I think he is nice and kind.

B: Do you? He's just **being** nice and kind in the office.

A: Why do you think that?

B: He's ... my husband.

11 take the trouble to *do*（わざわざ〜する）

I'm thanking the audience for taking the trouble to come and hear me perform. (p. 14)

わざわざ私の噺を聞きに来てくださったお客さまに、お礼を申し上げているわけです。

trouble はカタカナの「トラブル」でおなじみですが、「面倒なこと／手間」という意味。take the trouble to *do* とすると「わざわざ〜する」になります。これと形が似た表現に have trouble (in) *do*ing がありますが、こちらは「〜するのに苦労する」という意味です。

◀ 014

英語で言ってみよう!

A: わざわざ遠くからお越しいただき、ありがとうございます。
B: いえいえ、お安いことで。道中楽しみました。
A: それはよかったです。途中、電車の乗り換えは大丈夫でしたか。

A: Thank you very much for **taking the trouble to** come all this way here.
B: It's no trouble. We enjoyed the journey.
A: Good. Didn't **have trouble** chang**ing** trains on the way?

文法

12 仮定法過去：If S + V（過去形）..., S + 助動詞（過去形）...

If I was busy, I would not be coming here to see you! (p. 14)

忙しかったら、お前を見にこんな所に来るもんか！

If I <u>am</u> busy, I <u>will</u> not join the party. は「忙しければパーティーに参加しません」と、現実に起こりうる話をしていることになります。でも、**12** の文は、「もし（仮に）忙しかったら、…しないでしょう」と、現在の事実と違うことを述べています。if節の中の動詞（または助動詞）と帰結節（カンマのあとの節）の助動詞を過去形にすることで、「仮に」の意味合いを強く表現します。

英語で言ってみよう!

◀ 015

A: 君が私の立場（私の靴の中）だったらどうする?
B: 呼吸を止める。ごめん。冗談はともかく、私があなただったら、「ごめんなさい」って彼女に言うわ。
*in ones's shoes「〜の立場で」

A: What **would** you do **if** you **were** in my shoes?
B: I **would** stop breathing. Ha, sorry. Seriously, **if** I **were** you, I'd tell her, "I'm sorry."

13 表現 another 〜 (もう一つ／別の)

Then we have another word that's, uh, we use at the beginning of the stories. (p. 14)

それから、噺を始めるときに言う別の言葉があります。

簡単な単語ですが、意外と使えないものです。自信を持って使えるように意味を確認し、例文で十分に口慣らししましょう。another ＝ an ＋ other（一つの＋ほかの）です。「もう一つ／別の」と覚えておきましょう。

英語で言ってみよう！ 🔊 **016**

A: ビールもう一杯いきますか。
B: いや、やめておこうよ。終電に乗り遅れることになるから。

A: Would you like **another** beer?
B: No, we'd better not. We'd miss the last train.

A: もしもし、リーさんお願いします。
B: 申し訳ございません、別の電話に出ております。

A: Hello. Could I speak to Mr. Lee?
B: I'm sorry, he's on **another** line.

---

14 文法 if 節不在の仮定法過去

How would you translate this? (p. 14)

皆さんならどう訳しますか。

英語を読んでいて、突然 would や could が出てくることがありますね。仮定法過去の基本構文は ⑫ で見た、If S＋V（過去形）..., S＋助動詞（過去形）... です。「突然の would、could」は ⑫ の構文の**if**節が省略されたものです。上の文なら if you were to translate this（仮に皆さんがこれを訳すとしたら）が省かれたもの。何が省略されているかは、たいてい文脈で分かります。「突然の would、 could」の文は「もし…だったら」を頭の中で足して、解釈したり使ったりしましょう。

英語で言ってみよう!	🔊 **017**
A: いつものカフェで6時に会うのはどう? B: (もしそうなら) それでいいよ。(もしそこなら) 飲めるし食べられるし。	A: How about meeting at 6:00 at the usual cafe? B: That **would** be fine. We **could** eat and drink there.

15 表現 in advance (前もって)

I thank you in advance for your kindness. (p. 14)

あなたの親切にあらかじめ感謝します。

 in advance は「前もって／あらかじめ」。「事前に〜してほしい」と相手に伝えたいときにも使える表現ですね。beforehand という副詞も同じ意味で使われます。一緒に覚えておきましょう。

英語で言ってみよう!	🔊 **018**
A: プレゼンにプロジェクターを使いますか。 B: まだ分かりません。 A: では、必要になりましたら、前もってお知らせください。	A: Are you going to use a projector for your presentation? B: I'm not sure yet. A: Then, just let me know **in advance** if you need one.

16 表現 someday（いつの日か）

I know someday you will be kind to me. (p. 14)

いつかあなたが私に良くしてくれると分かっています。

somedayは「（未来の）いつの日か／そのうち」を意味します。未来を表す副詞ですが、比較的遠い未来を指すことが多いです。似た単語に sometime（いつか）があります。こちらはsometime next week（来週のいつか）のように近い将来でも使えます。一緒に覚えておきましょう。

英語で言ってみよう！　🔊 019

A: あなたの夢は何？
B: 僕の夢ね…。　いつの日か南の島に行って暮らすことだな。ちょっと想像してみて、きれいなビーチに寝転がって、一日中、好きな音楽や落語を聞く。
A: きっと1、2週間ですぐ飽きるでしょうね。

A: What is your dream?
B: My dream ... It's to go and live in a southern island **someday**. Just imagine you lie on a beautiful beach, listening to your favorite music and rakugo all day long.
A: I'm sure you'd soon be bored in a week or two.

17 表現 even though ～（～ではあるけれども）

You will laugh sometimes, even though you don't necessarily think it's funny. (p. 16)

必ずしも面白いと思わないようなときでも、皆さんは笑ってくれます。

even though ～ は、接続詞 though（～だけれども）に強意のeven を加え、「～ではあるけれども／たとえ～ではあっても」を意味します。thoughはほかに、文末に加えて「～だけど」と追加的に使われる副詞の用法もあります。

◀ **020**

英語で言ってみよう!

A: リビーは日本に3カ月しかいない
けど日本語が上手だね。
B: うん、すごい。でも、鈴木さんをご
覧よ。彼女なんか海外に一度も行
ったことがないというのに素晴ら
しい英語をしゃべるよ。
A: 確かに。そう言えば、あなたはタ
イに2年いたよね。
B: うん、タイ語しゃべれないけどね。

A: Libby speaks Japanese well **even though**
she's only been here for three months.
B: Yeah, she's great. But look at Ms. Suzu-
ki. She speaks excellent English **even
though** she's never been abroad.
A: She sure does. Say, you were in Thailand
for two years.
B: Yeah, I can't speak Thai, **though**.

文法

18 部分否定 not necessarily ～（必ずしも～ではない）

You will laugh sometimes, even though you don't necessarily
think it's funny. (p. 16)

必ずしも面白いと思わないようなときでも、皆さんは笑ってくれます。

 necessarily は形容詞 necessary（必要な）から派生した副詞で「必ず
／必然的に」の意味です。しばしば not を伴って、not necessarily（必
ずしも～ではない）と部分否定を表します。not always（常に～という
わけではない）、not every（すべての～が…というわけではない）など
と一緒に覚えましょう。

英語で言ってみよう!

◀ **021**

A: 苦情処理は嫌い。フェアじゃない
わ！お客さまが常に正しい、で
しょ？
B: 必ずしもそうじゃないよ。でも、お
客さまは常にお客さま。忘れない
で。まずは話をよく聞くことだよ。

A: I hate dealing with complaints. It's not
fair! Customers are always right, right?
B: **Not necessarily**. But remember that
customers are always customers. You
need to listen to them, first.

So ... (そういうわけで…)

And so I am thanking you now for that kindness. (p. 16)

そういうわけで、今、その親切に感謝しているのです。

 英語を話していて、つなぎの言葉に困ることはありませんか。そんなとき、接続詞の so（そういうわけで）は便利です。上の文のように、and と共に使うこともあります。So ... And so ... So now, ... と、三輝さんの噺の中にもしばしば登場します。下の最初の so のように、「ところで」の意味で、話題を変えたり、相手の注意を引くときにも使えます。

英語で言ってみよう!	◀ **022**

A: ところで、週末はどうだった？

B: 聞かないで！　最悪だった。妻の機嫌が悪かったので、どうしたのか聞いたら、「自分に聞いたら」って言うんだ。なので、一生懸命考えたんだけど、何も思いつかなかった。そういうわけで、その後はひと言も口を利かなかった。

A: 結婚記念日じゃなかったの？

B: 記念日？　おー、神さま！　殺される。

A: **So** how was your weekend?

B: Don't ask! It was terrible. My wife was in a bad mood, **so** I asked what had happened. Then she goes, "Ask yourself." **So** I tried hard to figure out but couldn't think of anything. **And so**, we didn't speak a word afterward.

A: Wasn't it your anniversary?

B: Anniversary? Oh, Jesus! She'll kill me.

The problem is ... (問題は…です)

The problem is ... it is not polite enough. (p. 16)

問題は、それが十分に丁寧ではない、ということです。

 「問題は…です」と表現するときのフレーズです。上の文のように The problem is (that) S＋V ... という構文を使えば、問題点を分かりやすく伝えることができますね。接続詞の that はしばしば省略されます。

◀ 023

英語で言ってみよう！

A: 問題は予算です。
B: そうだね。問題は予算が十分でないということだね。
A: ええ、最低でもあの倍は必要です。
B: わかった。経営陣と話してこよう。

A: **The problem is** the budget.
B: Right. **The problem is** that the budget is not enough.
A: Yeah, we need at least twice as much.
B: Got it. I'll go and talk to management.

 話術

21 伝えたいことに番号をつける（列挙法）

So there are three ways to ... No. 1: ... No. 2: ... No. 3: ... (p. 16)

そんなわけで、…する方法が3つあるんです。その1…、その2…、その3…

 欧米人のコミュニケーションは「明瞭さ」を第一とします。東洋人にはそれがしつこく、くどく聞こえることもありますが、ビジネスの場面では見習うべきところもあります。その一つが列挙法です。伝えたい事柄に番号を付けて話し、聞き手が理解しやすくする方法です。number one、number two と発音してもいいし、one、two だけでも OK。プレゼンやミーティングでお試しください。

英語で言ってみよう！

◀ 024

A: 宮本さん、どうしたら考えを明確に表現できる人になれますか。
B: こういうことだよ、リサ。No. 1：もっと注意深く聞く。No. 2：相手が話し終えるまで待つ。No. 3：落ち着いて、話す前に考える。

A: Mr. Miyamoto, how can I be a good communicator?
B: I'll tell you what, Lisa. **No. 1**: Listen more carefully. **No. 2**: Wait until the other person has finished his or her sentence. **No. 3**: Slow down—think before you speak.

22 表現 at the same time (as *do*ing) (<～するのと>同時に)

You raise the status of the other person at the same time as lowering your own status. (p. 16)

自分の地位を下げると同時に、相手の地位を上げます。

単に「同時に」とだけ言うなら at the same time、「〜と同時に」と言うなら at the same time as *do*ing です。上の文のように、as の後の動名詞の意味上の主語が文の主語と同じ（ここでは you）であれば、as *do*ing と簡略化します。as 以下の主語が文の主語と異なれば、as S ＋ V ... と続けます。

| 英語で言ってみよう！ | 🔊 025 |

A: まず、甘いものと炭水化物食品を減らしてください。同時に、定期的な運動をしてください。
B: 食べるのを減らすと同時に運動量を増やす？　無理。

A: First, you cut down on sweets and carbohydrates. **At the same time**, take regular exercise.
B: I exercise more **at the same time as** eating less? Impossible.

23 表現 humble (謙虚な)

You see, I'm humble. (p. 16)

私が謙虚なのがお分かりですね。

「偉ぶる？」「いや、謙虚に半ぶる（humble）」…。私はこんなしょうもないダジャレで humble という単語を覚えました。語彙を増やすにはなりふり構わず、です。ダジャレは結構有効ですので、密かにいろいろお試しください。humble は日本人には欠かせない単語ですね。ぜひ覚えてください。

英語で言ってみよう! ◀ 026

A: 私は上司を尊敬しているの。実に仕事ができて、それでも謙虚だから。 B: うん、それは言える。 A: 私は今まで彼のような人を見たことないわ。	A: I respect my boss. He's really efficient, but still **humble**. B: Yeah, you can say that again. A: I've never seen anyone like him before.

24 ~ enough to *do*（…するに十分〜）

I hope I am humble enough to accept your esteemed kindness and teaching. (p. 16)

私は謹んで、あなたのご親切とご指導を賜りたいと願っています。

 ~ enough to *do* は「…するに十分〜」という意味です。直訳すると「私は、あなたのご親切とご指導を受けるのに十分謙虚でいたい」ですが、これでは日本語として妙なので、上のように訳すのが妥当です。

英語で言ってみよう! 027

A: 僕は明日のテレビ会議が心配なんだ。 B: どうして? A: 英語に自信がないんだ。 B: 何言ってるの。あなたの英語は十分に通じるよ。気楽に構えて。	A: I'm worried about tomorrow's TV conference. B: How come? A: I'm not confident about my English. B: Come on. Your English is good **enough to** communicate. Take it easy.

文法 25 plan on *do*ing (〜するつもり／予定だ)

I'm not actually planning on learning anything from you today, right? (p. 16)

今日、皆さんから、私が実際に何か教わる予定ではありませんよね。

plan on 〜ingは「〜するつもり／予定だ」という意味。上の文はこれを進行形で表現したものです。plan on *do*ingはplan to *do*と言っても同じです。

英語で言ってみよう！　　　　　　　　　　　　　　　　　🔊 028

A: 近い将来、アメリカに行く予定はありますか。
B: はい。サンフランシスコのIT企業2、3社を訪問する予定です。

A: Do you **plan on** going to the U.S. in the near future?
B: Yes. I'm **plan**ning **to** visit a couple of IT companies in San Francisco.

文法 26 関係代名詞whichの非制限用法 (で、それは〜)

… 存じております," which translated into English means ..., (p. 18)

…存じております」、これを英語に訳すと…となります。

関係代名詞は多くの場合、先行詞を修飾するのに使われます（制限用法）が、先行詞について情報を「後付け」することもあります（非制限用法）。この場合、書くときには関係代名詞の前にカンマを置きます。「, which 〜」を「で、それ（は）〜」と解釈すればいいでしょう。上の文では前の日本語全体が先行詞になっています。

英語で言ってみよう！	
A: 何を読んでるの?	A: What are you reading?
B: プログラミングの本。	B: A book on programming.
A: 難しい?	A: Is it difficult?
B: 新聞の書評には簡単に読めるってあったけど、それがそうじゃなかった。	B: A book review in a newspaper said it's easy to read, **which** was not true.

噺壱

挨拶

27 表現 The reason 〜 is because ... (〜の理由は…だからです)

The reason it's called the pillow is because ... (p. 18)

「枕」と呼ばれる理由は…だからです。

The reason is <u>that</u> 〜（理由は〜です）という言い方がありますが、この that の代わりに because を使ってやや強調した表現が The reason is <u>because</u> 〜（理由は 〜だからです）。上の文は The reason のすぐ後に it's called the pillow が続いていますが、The reason (why) it's called the pillow（なぜそれが「枕」と呼ばれるかその理由）のように関係副詞 why が省略されています。

英語で言ってみよう！	
A: ねえ、ジェイムズを見た? ずいぶん浮かぬ顔していたよ。	A: Hey, did you see James? He looked so down.
B: うん。彼が落ち込んでいるのは、恐らく昨日の交渉がうまく行かなかったからじゃないかな。	B: I know. I guess **the reason** he's depressed **is because** he didn't do well in the negotiation yesterday.
A: そういうことか。かわいそうに。	A: Oh, I see. Poor James.

28 It's fun *do*ing（～することは楽しい）

Well, it's a lot of fun performing for children, but ... (p. 20)
まあ、子どもたちに向けて演じるのはとても楽しいんですが、…。

 It's fun *do*ing は「～することは楽しい」。形式的に it を主語にして It is fun と言い、その後に動名詞で真の主語（～することは）を述べる形式主語構文です。*do*ing の代わりに不定詞を続け、It's fun to *do* としても同じです。進行中の出来事について述べるときには *do*ing が好まれます。

英語で言ってみよう!	**031**
A: 文化の違う人たちと話すのはとても楽しいですね。 B: ええ、本当に。ごめんなさい、もう、行かなくちゃ。お話しできて楽しかったです。 A: こちらこそ。良いご旅行を。楽しんできてください。	A: **It's** a lot of **fun** talk**ing** with people from different cultures. B: Yes, it really is. Sorry, I have to go now. **It's been** fun talk**ing** to you. A: Same here. Enjoy your trip. Have fun.

噺
壱

挨
拶

「英語落語」で何を学ぶ?

松岡 昇

　私が本書の英語落語訳や解説などを執筆しているときに、「わざわざ落語を英語で聞かせて、いったい何を学んでもらうのか」とよく聞かれました。もちろん私の中には明確な答えが5つありました。今までの著書で実現できなかったものです。以下、それについて記します。本書で学習する際の参考にしてください。

1) 語学の楽しさ

　「語学というのは楽しい」ということを経験していただきたい。私たちは中学以来英語を勉強してきて、あまり楽しい経験はなかったと思います。定期試験、高校受験、大学受験、就職試験と、いつも have to study の環境で、「正誤適否」を気にしながら英語と格闘してきました。本書を手にした皆さんにはぜひ、have fun の経験をしていただきたいと思います。

2) 日本文化を英語で

　2つ目は国際理解です。国際理解と言えば、外国（他文化）のことを理解することと思いがちですが、自国の文化を他の文化の人々に伝える努力も同様に欠かせません。英語落語の経験をもとに、日本のさまざまなことを英語で伝えることに挑戦していただきたいと思います。

3) 生き生きとした口調

　3つめは、一般の英語学習書ではあまり経験できない「喜怒哀楽」の英語です。三輝さんは、複数の人物をさまざまな口調で生き生きと演じ分けています。平坦に英語を発音しがちな私たち日本人が学びたいポイントです。師匠の落語をまねる弟子のように、三輝さんの口調をまねて発音してみてください。

4)「速い」英語

　4つ目は「速い」英語に聞き慣れることです。三輝さんは歯切れのよい発音と軽快なテンポで話します。私たちには速く感じられますが、ネイティブ・スピーカーの日常ではよくある速さです。この「速い」英語が私たちの聞き取りの最大の「壁」になっています。「速い」英語にも耐えられる耳の訓練をしましょう。

5) くだけた・不完全な会話表現

　5つ目は「くだけた・不完全な会話表現」です。落語は庶民の生活が舞台です。私たちが日常使うくだけた表現や不完全な文の英語バージョンがたくさん出てきます。フォーマルで完成された英文ばかりを目にしている私たちにとっては、「乱れ方」を学ぶことができます。乱れるためにではなく、肩の力を抜いて英語を使うためです。

Chapter

2

Miso Beans

Hurry up!

あらすじ | 丁稚の定吉は、主人に言われてみそ豆の煮え具合を確かめに行きますが、あまりにおいしそうなのでつまみ食いをしてしまいます。それを見つけた主人は定吉をとがめ、用を言いつけて外出させます。すると主人もおいしそうなみそ豆をつまみ食い…。あまりのおいしさに手が止まらなくなりますが、定吉に発見されないよう、ある場所に隠れて食べることにします。やがて、用を済ませた定吉が帰ってくると…。

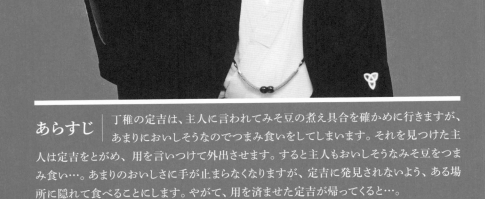

目的別・効果的な学習法

※詳細はp.6, 7

L ☐ ❶リスニング
☐ ❷リピーティング

S ☐ ❶語彙・表現の収集
☐ ❷リード＆ルックアップ

L&P ☐ シャドーイング

＊それぞれの練習が終わったら ☑ を入れましょう。

032　誰が食べて来い言うた？

Master : Oi! Sadakichi! Sadakichi! Oi! Come here, Sadakichi! Sadakichi!

Sadakichi: Yes, master!

Master : Sadakichi, ❶ I want you to go into the kitchen and ❷ see if the miso beans are boiling.

Sadakichi: Yes, master! Ha-ha. Miso beans. I love miso beans. (*blowing sounds*) It's very hot. Ha-ha. (*blowing sounds*) That's hot. Ha-ha. Ah, the beans are very hot. Ha-ha. (*blowing sounds*) Mm. Mmm, mm . . . Aah! Delicious! Ha-ha.

Master : Sadakichi! What are you doing?

Sadakichi: I think the beans are ready, master.

Master : ❸ What do you mean you think the beans are ready? ❹ Who told you to ❺ go eat the beans? I did not ❻ say eat the beans. I said see with your eyes if the beans were boiling or not.

　Put that stuff away, Sadakichi. I have a job ❼ for you to do. I want you to take this letter across the street to Mr. Tanaka. All right? Hurry up! Hurry up!

語彙と発音	訳
	主人：おーい！ 定吉！ 定吉！ おーい！ ここへ来なさい、定吉！ 定吉！
	定吉：へーい、旦那さま！
*want you [ワンチュー]	主人：定吉、台所へ行ってみそ豆が煮えたかどうか見てきてくれるか。
	定吉：へーい、旦那さま！ へへ。みそ豆。みそ豆大好きや。ふーふー。熱っ。へへ。ふーふー。熱っ。へへ。ふー、みそ豆、熱っつい。へへ。ふーふー。うん、うーん。あー！ うまいわぁ！
*What are you [ワラユ]	主人：定吉！ 何をしてんねんな！
be ready 準備ができている	定吉：豆はもう煮えております、旦那さま。
*told you [トウジュ]	主人：何が豆はもう煮えておりますや。誰が食べて来い言うた？ 食べろとは言うてない。みそ豆が煮えたかどうか見ておいでと言うたんや。
see with your eyes 自分の目で確かめる	それは、しもうてきなはれ、定吉。おまはんに頼みたいことがありますねん。この手紙をお向かいの田中はんに届けてきなはれ。ええか？ 早よ行きなはれ！ 早よ！
if the beans were boiling or not みそ豆が煮えたかどうか	
put ~ away ～をしまう	
across the street 通りの向かいの	

That Sadakichi, you'd think I was raising a thief in the house, always stealing the miso beans. But you know, those beans did look very good. Maybe I'll try a few of these beans ❽ myself. (*blowing sounds*)

Mm. Mmm. They're sure very good. Excellent. Mm. Mmm. Excellent beans, excellent beans, but if Sadakichi comes back and ❾ sees me eating these beans, he'll say something like, "Master, you ❿ told me not to eat the beans, and now you're eating the beans!" I'll never hear the end of it.

I should hide somewhere and eat these beans. Where can I go? Upstairs? No, upstairs, Sadakichi'll come, *ton-ton-ton*, running up the stairs and find me. The closet? No, the closet's dark and there's no way out. There must be somewhere I can go. Somewhere I can be alone. ⓫ Somewhere where no one would ⓬ think of coming to find me.

Ah, I know, ha-ha. The toilet. That's ⓭ as good a place as any.

(*blowing sounds*) Mm. Mmm. Really delicious. Yeah. It doesn't smell very good, but what can ⓮ you do?

Sadakichi: Master! I'm home! Master, it's me, Sadakichi! Master! Sadakichi. It's me! Master! Master. The master's not here. Now's my chance. Miso beans! Ha-ha.

(*blowing sounds*) Mmm. So good, so delicious, these beans. Mmm. Ah, ah, delicious, delicious, delicious, but if my

訳

噺
弐

みそ豆丁稚

You'd think I was ~.
私が〜しているように人は思
うでしょう。

look very good
とてもおいしそうだ

a few of ~
〜を少量

**I'll never hear the end
of it.**
いつまでも言われそうだ（直
訳は「私は決してそれの終
わりを聞かない」）

run up the stairs
階段を駆け上がる

there's no way out
逃げ道がない

定吉め。家の中で泥棒飼うてるみたいなもん
やな。すぐみそ豆をつまみ食いしよる。というて
も、みそ豆、おいしそうやったなぁ。わしもちょっと
食べてみよ。ふっふっふー。

うん、うーん。うまい。ほんまにうまいなぁ。うん、
うーん。ほんまにうまい、うまい豆やなぁ。うまい
けど、定吉戻って来て、食べてるところを見られ
たら、「旦那さま、私にあかん言うてたのに、旦那
さまも食べてる！」としつこく言われそうやなぁ。

どっか隠れて食べよ。どこがええかいなぁ。2
階？　いやー、2階は定吉がトントントンと上がっ
てきて、見つかるかもしれんなぁ。押し入れ？
いやー、押し入れは暗くて逃げ道がない。どっか
ないかなぁ。どっか一人っきりになれる所で、誰
も探しに来ない所。

あった。はは。はばかり。あそこがええ。

ふっふっふー。うん、うーん、ほんまにおいしい
なぁ。うん。ちょっと臭うけど、ま、しゃーないな。

Now's ~.
今が〜だ。

定吉：旦那さま！　戻ってまいりました！　旦那さま、
定吉戻りました！　旦那さま！　定吉、定吉で
す！　旦那さま！　旦那さまがいない。今がチャ
ンス。みそ豆！　はっはっはっは、はー。

よっしゃー、よっしゃー、よっしゃー。ふっふっ
ふー。うーん。うまい、ほんまにうまい。うーん。

master comes back and sees me eating these beans, he'll say something like, "Sadakichi, I thought I told you not to eat the beans!" He'll be really angry.

I should hide somewhere and eat these beans. Where can I go? Upstairs? No, upstairs, uh, my master [15] might be taking a nap. He'll wake up and see me. The closet? No, the closet's dark and there's no way out. There must be somewhere I can go. Somewhere I can be alone. Somewhere where no one would think of coming to find me.

I know. Ha-ha. The toilet, ha-ha. That's as good a place as any. Master!

Master : S— S— Sadakichi! What are you doing here?

Sadakichi: [16] I brought you another bowl of beans.

語彙と発音	訳

語彙と発音

might be *do*ing
〜しているかもしれない

another bowl of 〜
〜のお椀のおかわり

訳

あー、あー、うまい、うまい、うまいけど、旦那さまが戻ってきたら、「定吉、豆を食べるなと言うたやろ！」てなこと言われて、ほんまに怒られるなぁ。

　どっか隠れて食べよ。どこがええかなぁ。2階？いやー、2階は旦那さまが昼寝してるかもしれないし。起きたらバレてしまうしなぁ。押し入れ？いやー、押し入れは暗くて逃げ道がない。どっかないかなぁ。どっか一人っきりになれる所で、誰も探しに来ない所。

　あった。はは。はばかり。はは。あそこがええ。旦那さま！

主人：さ、さ、定吉！　何しにきたんや？

定吉：豆のお代わり、持ってまいりました。

落語で学べる英語表現

表現 1 **I want you to** *do* （あなたに～してほしい）

I want you to go into the kitchen and see if the miso beans are boiling. (p. 44)

台所へ行ってみそ豆が煮えたかどうか見てきてくれるか。

おなじみの「あなたに～してほしい」という依頼の表現ですが、ややぶっきらぼうな言い方です。家族や親しい友人など以外には、丁寧なI'd like you to *do*. を使う方が無難です。「お願い」の含みを強めるなら、Could you *do*? がいいです。

英語で言ってみよう！ 　　　　　　　　　　　　　　🔊 **033**

A: 忙しそうだね、あかり。	A: You look busy, Akari.
B: あら、ボブ！ いいところに来てくれた！ 手伝ってくれる？	B: Oh, Bob! Good timing! **Could you** help me?
A: もちろん。何したらいいか言って。	A: Sure. Tell me what to do.
B: 今、コピー取ってるんだけど。ホチキスでとじてほしいの。	B: I'm making copies now. **I want you to** staple them.
A: いいよ。	A: No problem.

表現 2 **see if ...** （…かどうか見る／調べる）

I want you to go into the kitchen and **see if** the miso beans are boiling. (p. 44)

台所へ行ってみそ豆が煮えたかどうか見てきてくれるか。

if ... を見ると「もし…なら」だな、と反応したくなりますが、see、ask、matter、know、find out、wonder、question、not sure などの後のif は「… かどうかということ」という名詞節を作ります。see は「見る（調べる）」。if ... と合わせると「…かどうかを見る（調べる）」です。

英語で言ってみよう！　　　　　　　　　　 034

A: もしもし、トニー？　美由です。
B: やあ、美由。どうした？
A: 来週いつか会えないかなあと思ってちょっと電話してみた。
B: ごめん、美由。時間が取れるかどうか分からない。来週は予定がかなり詰まってるんだ。

A: Hello, Tony? It's Miyu.
B: Hi, Miyu. What's up?
A: I'm just calling to **see if** we can meet sometime next week.
B: Sorry, Miyu. I don't **know if** I'll have time. My schedule is pretty tight next week.

嘲
弍

みそ豆丁稚

3 表現

What do you mean S+V ... ?（…ってどういう意味？）

What do you mean you think the beans are ready? (p. 44)

何が豆はもう煮えておりますや。

上の文は正式（書いたりする場合）には、What do you mean by "you think the beans are ready?" です。しかし、会話ではこのように、しばしば by が省略されます。

英語で言ってみよう！　　　　　　　　　　 035

A: 言えません。
B: 言えませんって、どういうこと？
A: 企業秘密なんです。でも、一杯おごってくれたら、言っても構いませんが。
B: それ、どういう意味？

A: I can't tell you.
B: **What do you mean** you can't tell me**?**
A: It's a trade secret. But if you buy me a drink, I don't mind if I tell you.
B: **What do you mean by** that**?**

4 話術　修辞疑問文：Who told you ... ?

Who told you to go eat the beans? (p. 44)

誰が食べて来い言うた?

文脈から、これはwhoの答えを求めている疑問文ではないですね。こうした文を修辞疑問文と言います。Nobody told you ... / I didn't tell you ... のような断定を強めるために、わざと疑問文で表現する話術です。日本語にもある話術ですね。

英語で言ってみよう!	🔊 036
A: ケンはどこ?　見なかった? B: 誰が知るもんか。いつだって何も言わずに席を離れるんだ。	A: Where's Ken? Have you seen him? B: **Who knows?** He always leaves his seat without saying a word.
A: 今週末、ゴルフをしに行くのはどう? B: 誰が嵐の中プレイしたいと思う? 知らないの? 台風が来るんだよ。	A: How would you like to go golfing this weekend? B: **Who wants** to play in a storm? Don't you know a typhoon is coming?

5 表現　go (and) *do*（〜しに行く）

Who told you to go eat the beans? (p. 44)

誰が食べて来い言うた?

「〜しに行く」にはgo to *do* という表現がありますが、これよりくだけた言い方にgo and *do* があります。「食べに行く」ならgo and eatですが、アメリカ英語ではしばしば間のandが落ちて、go eatのようになります。

英語で言ってみよう！ ◀ 037

A: 今晩、映画見に行かない？
B: いいねえ。何の映画？

A: Why don't we **go see** a movie tonight?
B: Sounds good. What movie?

A: 何か飲み物を買ってくる。何にする？
B: ペプシのLサイズ。あ、それにポップコーンのLサイズもね。

A: I'll **go get** something to drink. What would you like?
B: A large Pepsi. Oh, and a large bucket of popcorn as well.

噺
弐

みそ豆丁稚

表現

6 **say to *do*** (〜せよと言う)

I did not say eat the beans. (p. 44)

食べろとは言うてない。

say to *do* は「〜せよと言う」。上の文では to が略されています。say を使ったこの文は、誰に言っているか文脈上明らかなときに使うくだけた表現です。一般的な言い方としては〈tell＋人＋to *do*〉があり、上の文なら I did not tell you to eat the beans. と言い換えられます。

英語で言ってみよう！ 038

A: 雨に降られた。寒気がする。
B: だから、傘を持っていくように言ったでしょ。医者は何て言ってた？
A: 薬を飲んで、2、3日安静にしてるようにって。

A: I got caught in the rain. I have a chill.
B: See, I **said take** an umbrella. What did the doctor say?
A: He **said to take** the medicine and stay in bed for a couple days.

7 文法 不定詞と意味上の主語： for ～ to *do*（～が…する）

I have a job for you to do. (p. 44)

おまはんに頼みたいことがありますねん。

 I have a job to do.を直訳すると「私はやるべき仕事を持っている」。
このto *do*（不定詞）の前にfor youを置くと、youがto *do*の意味上
の主語になり、「私は、あなたがやるべき仕事を持っている」となります。
意訳すれば、「あなたにやってほしい仕事がある」となります。

| 英語で言ってみよう！ | 🔊 039 |

A: ロンドン支社に行ってはくれない
　かな？
B: どれくらい行くことになりますか。
A: 3年から5年。これは君が昇進す
　るいいチャンスだと思うよ。

A: I wonder if you'd like to go and work for
　our London office.
B: How long would I be there?
A: For three to five years. I think this is an
　opportunity **for** you **to** get a promotion.

8 表現 強調のoneself：＜ほかの誰でもなく＞自分自身＜も＞

Maybe I'll try a few of these beans myself. (p. 46)

わしもちょっと食べてみよ。

 oneselfの強調用法で、文末に置いて「（ほかの誰でもなく）自分自身
（も）」と強調します。この噺では、すでに定吉がみそ豆の味見をして
います。みそ豆がうまそうだったことから、主人は「自分自身も食べてみ
よう」と言っています。

英語で言ってみよう!　　　　　　　　　🔊 **040**

A: どうしたの？　どうしてそんなにイ
　ライラしてるの？
B: 僕のノートパソコンさ。どうもだい
　ぶ遅くなったみたいだ。何とかし
　てもらえる？
A: ごめん、私自身もコンピューターは
　よくわかんないの。

A: What's up? Why are you so irritated?
B: It's my laptop. It seems to have become
　very slow. Could you do something
　about it?
A: Sorry, I don't know much about com-
　puters **myself**.

文法

9 知覚動詞：**see ...** *do***ing**（…が〜しているのを見る）

... if Sadakichi comes back and sees me eating these beans, ...
(p. 46)

定吉が戻って来て、食べてるところを見られたら、…。

see（見る）、hear（聞く）、feel（感じる）などの動詞を知覚動詞と言
います。〈see/hear/feel ... *do*ing〉で「… が〜しているのを見る／聞く
／感じる」という意味になります。上の文は、直訳すれば「もし定吉が
戻って来て、私がこの豆を食べているのを見たら、…」となります。

英語で言ってみよう!　　　　　　　　　 **041**

A: 恵美を見なかった？　彼女に電
　話なんだけど。
B: ほんの少し前に、あそこでコピー
　を取っているのを見かけたけど。
　待って。耳を澄ませて。彼女が誰
　かと話しているのが聞こえる。ど
　こから聞こえてくるんだろう。

A: Have you seen Emi? There's a call for
　her.
B: I **saw her making** copies over there just
　a while ago. Wait. Listen. I can **hear her
　talking** to someone. Where is that com-
　ing from?

10 表現 tell ... to *do*（…に～するように言う）

Master, you told me not to eat the beans, ... (p. 46)

旦那さま、私にあかん言うてたのに、…。

p. 53の **6** に say to *do*（～せよと言う）という表現が出てきました。これは誰に言っているか相手がはっきりしているときにだけ使われます。これに対して、tell ... to *do* は、…に me とか you を言い、誰に言っているかをはっきり述べる表現です。上の文のように、tell ... not to *do* とすれば、「…に～しないように言う」となります。

| 英語で言ってみよう！ | 🔊 042 |

A: お電話をいただけるよう、彼にお伝えいただけますか。今日は終日社にはおりませんが、私の携帯で連絡が取れます。
B: 分かりました、携帯に折り返し電話をするよう伝えます。

A: Could you ask him to call me? I won't be in the office all day today, but he can reach me on my cellphone.
B: All right, I'll **tell him to call** you back on your cellphone.

11 文法 関係副詞 where

Somewhere where no one would think of coming to find me. (p. 46)

誰も探しに来ない所。

somewhere（ある場所）を no one would think of ...（誰も…を考えない）が修飾するので、where が2つをつなぎ、「誰も私を探しに来ようと思わない場所」という意味を作ります。この where は、somewhere など「場所」を表す先行詞を修飾する節を作る関係副詞です。この文の前にある There must be somewhere (where) I can go. Somewhere

(where) I can be alone. は同じ文構造ですが、whereが省略されています。

043

英語で言ってみよう！

A: 金曜日のランチミーティングの場所は決めたかね？
B: はい、特別会席ランチを食べられる日本料理の店があります。先月開店したばかりなんです。

A: Have you decided where to have the lunch meeting on Friday?
B: Yes, there's a Japanese restaurant **where** we can have a special *kaiseki* lunch. It just opened last month.

噺弐

みそ豆丁稚

表現 12 **think of *do*ing（〜しようと考える）**

Somewhere where no one would think of coming to find me. (p. 46)

誰も探しに来ない所。

think of *do*ingは「〜しようと考える」。I'm thinking of *do*ing（〜しようかと考えている）のように、しばしば進行形にして、漠然とした先の予定を述べるのに使われます。「慎重に考える」場合には、ofの代わりにaboutを使う傾向があります。

英語で言ってみよう！

044

A: 辞めようと考えている。
B: どうして？　別の会社に移るの？
A: いや。自分で事業を始めようかと考えているんだ。

A: I'm **thinking of leaving**.
B: Why? Are you moving to another company?
A: No. I'm **thinking about starting** up my own business.

文法 ⑬ 同等比較の応用：as … as any（どれにも劣らないくらい…）

That's as good a place as any. (p. 46)

あそこがええ。

難しい表現ですね。同等比較（as … as 〜）の簡単な例文は、Michiko is as tall as Mary.（道子はメアリーと同じくらいの身長です）。この Mary を any other girl にすると、「他のどの女子と比べても劣らず背が高い」となります。⑬の文は少しくどく言うと、That's as good a place as any other place.（あそこはほかのどの場所と比べても劣らないくらい良い場所だ）です。この構文は a good place が、形容詞を先頭に移動して good a place という語順になります。

英語で言ってみよう！	🔊 **045**

A: 森さんがチームリーダーでよかった。

B: そう、彼は誰にも劣らぬ素晴らしいリーダーだね。彼のチームで一生懸命やろうと、がぜんやる気が出てきたよ。

A: I'm glad Mr. Mori is our team leader.

B: Yeah, he's **as great a leader as any**. I'm really motivated to work hard in his team.

文法 ⑭ 総称の you：「一般の人々」

…, but what can you do? (p. 46)

…ま、しゃーないな。

この you は自分が話しかけている特定の「あなた（たち）」ではなく、「一般の人々」を指す総称の you です。英文は常に主語を必要とするので、この you の出番が多く、英文を作るときにもとても便利です。この文は直訳すれば、「何ができるだろうか（どうにも仕方がない）」となります。

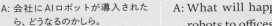

英語で言ってみよう！　　　　　　　　　　🔊 **046**

A: 会社にAIロボットが導入された
　ら、どうなるのかしら。
B: 全然分からないよね。人がロボッ
　トを使うのか、それともロボットに
　使われるかだね。というか、今か
　ら20年後に僕らのする仕事があ
　るのだろうか。

A: What will happen if **you** introduce AI robots to offices?
B: **You** never know. **You**'ll control the robots or **you**'ll be controlled by them. Then again, will we ever have a job to do 20 years from now?

文法

15 助動詞： might ... （ひょっとして…するかも）

..., my master might be taking a nap. (p. 48)

…旦那さまが昼寝してるかもしれない。

mightはmayの過去形ですが、仮定法過去（p. 29の⑫とp. 30の⑭参照）の用法のために過去形になっていることがほとんどです。「推量（弱い可能性）」のmay（〜かもしれない）が仮定法過去でmight（ひょっとして〜かもしれない）になったものです。確率はmayが50％、mightは30％程度、といったイメージです。

英語で言ってみよう！　　　　　　　　　　🔊 **047**

A: パーティーには誰が来るの？
B: アンディーが来るよ。ひょっとした
　らフィアンセを連れてくるかも。
A: 楽しみだわ！　幸は？
B: 彼女は来ないかも。週末にかけ
　て忙しいって言ってたから。

A: Who's coming to the party?
B: Andy's coming. He **might** bring his fiancée.
A: Oh, great! How about Sachi?
B: She **may** not be coming. She said she'd be busy over the weekend.

I **brought you** another bowl of beans. (p. 48)

豆のお代わり、持ってまいりました。

bring（broughtは過去形）は、give に代表される授与動詞（目的語を2つ取る動詞）の一つで、この文は「（あなたに）（豆のお代わりを）持ってきた」という意味です。日本語には目的語の後に助詞「〜に」「〜を」を置くので目的語同士の関係がはっきりしますが、英語には助詞はありませんので、この構造（語順）に慣れるしかありません。

英語で言ってみよう！　　　　　　　　　　　🔊 **048**

A: いらっしゃい。今日は何を差し上げましょう？

B: この牛肉を 1.5 ポンドください… いつものようにすき焼き用に。

A: 薄切りですね。私もすき焼き、やってみたいな。作り方、教えてくださいね。

A: Hi, **what** can I **get you** today?

B: I'll have one and a half pounds of this beef, please ... for *sukiyaki* as usual.

A: Slice it thinly, right? I'd like to try *sukiyaki* myself. You'll have to **give me the recipe**.

噺
弐

みそ豆丁稚

落語の翻訳は難しい

松岡 昇

　私は大学の英語の授業で、年に1度だけ学生に落語をビデオで見せています。落語と言っても「英語落語」ですが、見た後で感想を書かせると、ほとんどの学生が、「今まで落語を聞いたことはほとんどなかったが、とても面白かった。これを機に日本語の落語も聞いてみたい」と言います。

　授業で使う「英語落語」は、『英語落語（RAKUGO IN ENGLISH）』（大島希巳江監修、ビクターエンタテインメント）というDVDです。3人の演者が古典と新作を英語で演じ、画面には日本語の字幕が出てきます。落語は基本的にストーリーで客を笑わせますが、「言葉遊び」で笑いを取る場面も少なくありません。このビデオでは、桂あさ吉さんが「時うどん（Time-Noodles）」の枕で、落語を英訳する難しさについて、小噺を例に説明しています。

　「どんな花でもございます」と看板を掛けた花屋にある客が入ってきて、「どんな花でもあると書いてあるが、ものを言う花はあるか」と店員に迫ります。店員は「はい、ございます。どの花でも返事しますから、何なら名前を聞いてみてください」。すると、客は端から一つずつ花に問いかけます。

　客：お前の名前は?

　花：カーネーション。

　「ほんまにもの言いおった」と客は驚きながら、次から次へと花に名前を聞いていきます。5つ、6つ聞いたところで …

　客：お前の名前は?　お前の名前は?

　花：（返事がない）

　客：…おい、花屋、こいつ、もの言わへんで!

　店員：あぁ、それはクチナシや。

　こういう小噺ですが、この下げ（落ち）の部分、「クチナシ」、つまり「口がないからしゃべれない」で笑いを取るわけですが、これを英語で演じる場合はどうでしょう。「クチナシ」をgardeniaと英訳したところでどうにもなりません。さあ、この部分をどう英語に翻訳して演じたと思いますか。実は、次のようにやっています。

Customer: What's your name? What's your name? What's ... your ... name? (no answer) ... Hey, florist! It's not answering.

Florist:　　Oh, it's a <u>dried flower</u>.

よっ、座布団3枚!

Chapter 3

Soap Story

Seken!   Seken!

あらすじ | 今回は、外国人落語家にしかできない日本語ネタの噺です。と言うと、枕はきっと日本語の難しさだろうと思いがちですが、師匠は予想を見事に裏切り、「日本語ってカンタン！」というスタンスで話を展開していきます。しかし、そんな師匠もある日、とてもやっかいな日本語と出合います。それがタイトルになっている「せっけん」。師匠は家で切らしたせっけんを買いにコンビニへ出かけます。すると…。

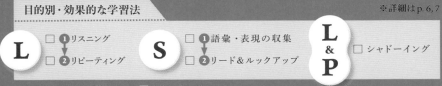

目的別・効果的な学習法

※詳細は p. 6, 7

L
- ☐ ❶リスニング
- ☐ ❷リピーティング

S
- ☐ ❶語彙・表現の収集
- ☐ ❷リード＆ルックアップ

L & P
- ☐ シャドーイング

＊それぞれの練習が終わったら ☑ を入れましょう。

 # 049　大きな「つ」と小さな「っ」

　Ladies and gentlemen, thank you very much for coming from a faraway place at a busy time in your lives. I'm Japanese comic rakugo storyteller Katsura Sunshine!

　You know, when I came to Japan 16 years ago, I knew no Japanese. I thought I knew no Japanese, but actually, by virtue of being an English speaker, a native English speaker, I could automatically speak a little bit of Japanese.

　And the reason is ❶ this: If you say certain words of the English language ❷ in a Japanese way, they become Japanese. For example, ❸ the first time I came to Japan, I was thirsty. I wanted to drink a beer, and I asked my friend Mr. Suzuki. I said,

"Mr. Suzuki, how do you say 'beer' in Japanese?"
And he said,

"Oh, in Japanese, we say 'biiru.'"

"Oh, biiru, that's very easy. Ha-ha. Oh, how do you say 'wine'?"

"Oh, in Japanese, we say 'wa-i-n.'"

"Oh, this is, OK."

So, I thought, "I'll try some harder words."

語彙と発音

when I [ウェナイ]

by virtue of ~
～のおかげで

for example
例えば

How do you say 'beer'
in Japanese?
日本語で「beer」は何と言い
ますか。

訳

　皆さま、お忙しい中、遠いところからお越しいただき、厚く御礼申し上げます。私は落語家の桂三輝と申します！

　えー、私は16年前、日本に来たときは、まったく日本語が分からなかったんです。分からないと思ったんですが、実は、英語のネイティブスピーカーというだけで、自動的に日本語を少し話せることになっていたんです。

　どういうことかと言いますと、英語の単語を日本語風に発音したら、日本語になるんです。例えば、私が初めて日本に来たときのことです。喉が渇いてビールが飲みたくなり、友達の鈴木さんに聞きました。

「鈴木さん、日本語で『beer』は何と言いますか」
すると彼は言いました、

「あぁ、日本語でそれは、『ビ・イ・ル』です」

「あぁ、ビ・イ・ル、これは簡単やなぁ。へへ。じゃ、『wine』は？」

「あぁ、日本語では、それは『ワ・イ・ン』」

「おぉ、わかりました」

　私は、「もうちょっと難しい単語に挑戦しよう」と思って聞いてみました。

"How do you say 'cheeseburger'?"

"Oh, in Japanese, we say 'chiizubaagaa.'"

So I wanted to see how far I could take this. And I was feeling a little bit nostalgic for my mother's banana chocolate chip cake. But I thought, "❹ There's no way this is going to ❺ make sense in Japanese." But I went to a bakery. And I asked the lady at the counter. I said, "Banana chokoreeto chippu keeki." And, doh, I got it!

And I thought, "Wow! Japanese is so easy!"

But there are times ❻ when this ❼ works, and there's times when this doesn't work. The times when it doesn't work, you ❽ can ❾ run into problems. About six months ago, in my apartment, I ran out of soap in my washroom. And I'd forgotten the Japanese word for soap, so I looked it up in my dictionary. I went, "*Piko, piko, piko,*" in my electronic dictionary and it came out here: "sekken" — which is a very difficult kanji character to write, but at least I could remember the sound. And I went to my local convenience store, and I asked the guy at the counter. I said, "Excuse me."

And he said, "Yes, sir, can I help you?"

And I said, "Yes. Uh, please tell me where the 'seken' is."

"Uh? Sir, one, one more time please."

I said, "'Seken. Seken.' Just tell me where the 'seken' is. I'll go

語彙と発音

how far
どの程度まで

got it [ゴリッ]

ran out of [ラナトヴ]

look it up in my
dictionary
辞書でそれを調べる

go
始める

at least
少なくとも

And I [アンダイ]

Please tell me where
~is.
~がどこにあるか教えて
ください。

訳

「『cheeseburger』は何と言いますか」

「あぁ、日本語では『チ・イ・ズ・バ・ア・ガ・ア』」

そこで、私は、いったいどの程度まで行けるのか試してみたくなって、ちょうど母の banana chocolate chip cake を懐かしく思ってたので、「日本語では絶対意味は通じへん」と思いながらベーカリーに行き、レジカウンターの女性に頼みました。「バ・ナ・ナ・チョ・コ・レ・エ・ト・チ・ッ・プ・ケ・エ・キ」。するとドーン！ 出てきたんです！

「わーお、日本語って簡単やなぁ！」

でも、これが通用するときとしないときがあるんです。うまくいかないときは、問題が起こるんです。6カ月ほど前のこと、アパートの洗面所の soap を切らしました。ところが、soap の日本語を忘れてしまったんです。そこで辞書で調べました。「ピコピコピコ」。電子辞書の画面に出てきたのは「石鹸」、めちゃくちゃ難しくて書けない漢字です。でも、音だけはなんとか覚えられました。近くのコンビニに行って、レジカウンターの男性に、「すいませんが」と声を掛けました。

店員さんは、「はい、お客さま、何か？」

「えー、『セケン』はどこにありますか」

「え？ すいません、も、もう一度お願いします」

「『セケン、セケン』。『セケン』がどこにあるかだけ教えてくれたら、自分で取りに行くから。どこにあるか

噺
参

せっけん噺

get it. Could you please tell me? 'Seken.'"

(*Teeth-sucking sound*) "Ah, sir. I'm not sure if we stock that item. Could you please repeat that one more time?"

I said, "How many times do you want me to repeat it? 'Seken. Uh, seken. Seken. Seheken. Seeeken.

Se-he-ke-hen. Seheeeeken.'"

(*Teeth-sucking sound*) "Sir, perhaps that is an item which ❿ they only sell in America?"

"No, I know you have it here. Uh, anyway, I'm Canadian." I said, I had to say that.

語彙と発音

go get
取りに行く

I'm not sure if ~.
〜かどうかわかりません。

one more time
もう一度

訳

教えてくれます？　『セケン』」

　（空気を吸う音）「えぇっと、お客さま。その商品を扱っているかどうかわかりませんので、もう一度言っていただけますか」

　「何回言わせるの！　『セケン、あー、セケン、セケン、セヘケン、セエエエケン、セヘケエヘン、セエヘエエエエケン』」

　（空気を吸う音）「お客さま、おそらくそちらの商品は、アメリカでしか販売してない物ではないでしょうか」

　「いやいや！　日本でも売ってる！　それと、どっちでもええけど、私はカナダ人ですねん！」。言っておかないとね。

He refused to understand ⑪ what I was saying. And I realized after that it was my mispronunciation. It was my mistake. I was ⑫ leaving out a very important syllable of the Japanese syllabary. And it's called the little *tsu*.

Now you have two *tsu*'s in Japanese, don't you? You have the big *tsu* and the little *tsu*. The big *tsu* is very easy to remember because it makes a sound. That sound is *tsu*. The little *tsu* makes no sound. It just instructs you to wait a little bit ⑬ before proceeding to the next syllable. So it's not "seken," which is what I was saying, it's "sekken." ⑭ There's no difference to me. There's no difference to an English speaker between "seken" and "sekken."

But just because of that, this person would not understand what I was saying. I said, "seken. seken. Seeeeeeken. seken. Seheken. Seken. Seeeken."

"Sir, could you please just ⑮ calm down for me one minute? I'm just not quite sure if I've ever heard of the item ⑯ you're looking for."

"You've heard of the item I'm looking for. OK, ⑰ look. Look. When I wash my hair, what's the Japanese word for this? Huh? 'Shampoo,' right? This shampoo, I want the hand version. I want to wash my hands. I want to wash my hands."

"Ah, sir, if you would like to wash your hands, at the back of this room there is a door. In the next room, there is a sink."

語彙と発音

refuse to *do*
〜しようとしない

syllable
音節

Japanese syllabary
日本語の五十音

easy to remember
覚えやすい

instruct you to wait
待つように指示する

hear of ~
〜について聞く

at the back of ~
〜の後ろの方に

訳

　店員さんにはどうしても分かってもらえなかったんです。それで、その後、私の発音ミスだと気付いたんです。私の方の間違いだったんです。日本語の五十音の大事な音節の一つを漏らしてたんです。それは小さい「っ」なんです。

　さて、皆さん、日本語には2つ「つ」がありますよね? 大きな「つ」と小さな「っ」。大きな「つ」は覚えやすい。なぜかというと、音があるからです。その音は「つ」。でも小さい「っ」は音がない。次の音節に行くまでちょっと待ってと指示するだけなんです。だから、私が言い続けてた「セケン」ではなく「せっけん」だったんです。私にはまったく同じに聞こえるんです。英語のネイティブスピーカーには、「セケン」と「せっけん」の違いは聞き取れないんです。

　でもこれが原因で、この店員さんには私が言っていることが分からなかったんです。「セケン、セケン、セエエエエエケン、セケン、セヘケン、セケン、セエエエケン」

　「お客さま、ちょっと落ち着いてください。お客さまがお探しの商品は聞いたことがないんで」

　「聞いたことがあるって。わかった、あのな。ええか。髪を洗うとき、使うものは日本語で何と言う? えぇ?「シャンプー」、せやろ? このシャンプーの手ぇバージョンが欲しいねん。手ぇが洗いたいんです。手ぇが洗いたいんです」

　「あー、お客さま、手を洗いたいんでしたら、この部屋の一番奥に、扉がございます。その (扉を開けた) 隣の部屋に洗面台があります」

噺
参

せっけん噺

71

I said, "No, that's the 'toire.' That much Japanese I know."

And I gave up. And I searched myself. And I found what I was looking for. But I want to know the proper pronunciation for this, because, you know, ⑱ in two months I'm going to run out and then I'm gonna have to go through this whole thing again. So I went back to the same guy. And I said, "This! You! This, this is what I wanted! This is what I was looking for! This is the item I wanted to buy! What is the proper Japanese pronunciation for this item?"

And he said, "Ah, sir, the proper Japanese pronunciation for that item is "ha-n-do-so-o-pu."

"Thank you for teaching me English."

In English, we call that my "soap story." In Japanese, "三輝の せっけん噺" でございました。

050　英語に自信がなくなった…

But you know, as I said, I've been in Japan now 16 years, so my Japanese is getting a little bit better, step by step, uh, and now I've been a rakugo storyteller, I've been a professional storyteller now for, uh, eight years. And so my rakugo is getting better, step by step. Uh, the problem is I'm starting to lose confidence in my English. And it's because Japanese people say certain things to me to ⑲ make me lose confidence in my English.

that much
それくらいの

myself
自分で

run out
使い果たす

go through ~
~を体験する

get a little bit better
少し上達する

step by step
少しずつ

lose confidence in ~
~の自信を失う

訳

「ノー！　それは『トイレ』。それくらいの日本語はわかってるわ」

　諦めました。自分で探しました。そして見つけました。でも、この品物の日本語の正しい発音を知りたいんです。だって、また2カ月もすれば切れるので、同じことの繰り返しになりますから。だから同じ店員さんのところに行ってこう言いました。「これ！　あんた！　これ、これが欲しかったんです。これを探していたんです！　これが買いたかったんです！　この品物の正しい日本語の発音は何と言いますか」

　店員さんは、「あぁ、お客さま、その品物の正しい日本語の発音は、『ハ・ン・ド・ソ・オ・プ』です」

　「……英語を教えてくれてありがとう」

　英語では、これを「ソープストーリー」、日本語では「三輝のせっけん噺」でございました。

　えー、私は先ほども申し上げましたように、日本に来て16年になります。ですので、私の日本語は少しずつうまくなってきました。今では落語家です。プロの落語家になって8年になります。なので、私の落語は少しずつうまくなってきています。問題は、英語の自信を失ってきていることです。というのも、日本人の方が、私の英語の自信をなくさせるようなことをおっしゃるからです。

噺
参

せっけん噺

73

You know, in front of the train stations, they have people handing out tissues for the advertisement, right? If it's, uh, they're advertising a sushi shop, they'll say, "Sushiya, ikaga desu ka?" and hand you the tissues. Or if it's a yakitori shop, they'll say, "Yakitoriya, ikaga desu ka?" and hand you the tissues. Or — they have everything — if it's glasses, they'll say, "Megane, ikaga desu ka?" and hand you the tissues. Or maybe contact lenses, they, "Kontakuto renzu, ikaga desu ka?" and hand you the tissues.

I got the same set of tissues in front of Shinjuku Station about two months ago. Huh. "English conversation school, ikaga desu ka?" "Why?"

And then, sometimes I [20] get asked to perform in English in Japan, usually at schools or universities. And six months ago, I was performing, at the university in Hokkaido — the northernmost island of Japan. And I would like to perform a little bit of the story that I did for the students that day.

訳

あのー、駅前でよく広告用のティッシュを配ってますよね？　すし屋さんの広告であれば、「すし屋いかがですか」と言ってティッシュを渡す。焼き鳥屋さんであれば、「焼き鳥屋いかがですか」と言ってティッシュを渡す。なんでもあるんです。メガネなら「メガネいかがですか」と言ってティッシュを渡す。コンタクトレンズなら「コンタクトレンズいかがですか」と言ってティッシュを渡す。

私は2カ月前、新宿駅前でティッシュをいただきました。「英会話スクールいかがですか」。「何でやねん！」

そして時々、日本でも英語落語を依頼されます。たいてい学校、大学などですが、6カ月ほど前も、北海道の大学で落語をさせていただきました。北海道というのは、日本で最も北に位置する島ですが、そこでその日に学生さんたちにさせていただいた落語を、ちょっとやらせていただきます。

噺
参
せっけん噺

落語で学べる英語表現

And the reason is this: ... (p. 64)

どういうことかと言いますと：…。

上の文を直訳すれば、「そして、その理由は**これ**です」。話を切り出すときに相手の注意を引くthisです。プレゼンやミーティングなどで使えますね。thisは「物理的・心理的に近い」ものを指し示す指示代名詞です。通常は直前に述べられたものを指しますが、上のように、これから述べる内容を指すこともあります。

英語で言ってみよう！	051
顧客の苦情に対処するのは実に難しいことです。私がいつも最初にやることはこれです：顧客の話をよく聞き、何が不満なのか理解する。時間をかけて、とにかく話を聞くことです。	Handling customer complaints is a real challenge. The first thing I always do is **this**: Listen to the customer and understand what he or she is unhappy about. Take time and just listen.

表現
2 in a ... way（…のやり方で）

If you say certain words of the English language in a Japanese way, ... (p. 64)

英語の単語を日本語風に発音したら、…。

way（道）は、in a ... wayの形で「…のやり方（手段、状態、観点）で」を意味します。どの意味になるかは文脈から判断します。上のin a Japanese wayは、直訳すれば「日本語のやり方で」となります。頻繁に使われる表現ですので慣れておきましょう。

英語で言ってみよう！　　　　　　　　　　　🔊 052

A: 英語落語を聞くことで、英語は上達しますか。
B: もちろん！ 多くの点で実に効果があります。噺が楽しいので、たくさん、そして繰り返し聞きたくなるでしょう。これがリスニングを上達させ、語彙力もつけてくれます。自分でも演じてみようと練習すれば、スピーキング力もつきます。

A: Can I improve my English by listening to English rakugo?
B: Why, of course! It's really helpful in **many ways**. The stories are amusing, so you'll want to listen a lot and repeatedly, which will improve your listening and widen your vocabulary. If you practice to perform yourself, it will improve your speaking as well.

表現
3 **the first time S + V ...（初めてSがVしたとき）**

the first time I came to Japan, ... (p. 64)

私が初めて日本に来たとき、…。

 when I came to Japan なら「日本に来たとき」ですね。この when が the first time に入れ替わったと考えればいいでしょう。この the first time は接続詞の働きをしているのです。ついでに the last time も覚えておきましょう。「最後に…したとき」です。

英語で言ってみよう！　　　　　　　　　　　🔊 053

A: 京都は好きですか。
B: 20年前に初めて行ったとき、その美しさにすっかり魅了されました。その時以来、10回以上行っています。しかし、1年前に最後に行ったときはショックでした。観光客であふれかえっていたのです。

A: How do you like Kyoto?
B: **The first time** I went there 20 years ago, I was totally fascinated by its beauty. Since then, I've been there more than 10 times. But **the last time** I went there a year ago, I was shocked. It was overflowing with tourists.

噺
参

せっけん噺

4 表現 There is no way S + V ... (SがVする可能性がない／はずがない)

There's no way this is going to make sense in Japanese. (p. 66)
日本語では絶対意味は通じへん。

p. 76 の **2** で出てきたように、way は「方法、手段」などを意味します。これが There's no way ... のように使われると「…する可能性がない／はずがない」を意味します。ちなみに、強い否定の返事をするときに、No. の代わりに No way. と言うことがあります。一緒に覚えておきましょう。

英語で言ってみよう！　　　　　　　　　　　　　 **054**

A: もっと価格を安くしていただけませんか。	A: Could you give us a better price?
B: これ以上下げるのは無理です。これが精いっぱいの価格です。	B: **There is no way** we can make it lower. This is the best price we can do.
A: 結婚してくれますか。	A: Will you marry me?
B: 無理！　冗談でしょう？	B: **No way**! Are you kidding?

5 表現 make sense (意味を成す、うなずける)

There's no way this is going to make sense in Japanese. (p. 66)
日本語では絶対意味は通じへん。

sense は「感覚、意識、良識」などを表します。make sense とすると「意味を成す（意味が通じる）」、さらに、「うなずける、理にかなう」などを意味します。

78

英語で言ってみよう！	
A: 落語はどうでした？　楽しかったですか。 B: 実はさっぱりわかりませんでした。	A: How did you like the rakugo show? Did you have fun? B: Actually, it didn't **make sense** to me.
A: で、これは双方にとって良い取引で、ご同意いただけると思いますが。 B: 確かに理にかなってますね。	A: So, I think this is a win-win deal. I'm sure you agree. B: Yes, it does **make sense**.

文法 6 　関係副詞 when ～（～するとき）

There are times when this works, and there's times when this doesn't work. (p. 66)

これが通用するときとしないときがあるんです。

関係副詞 when は先行詞（時を表す名詞）を修飾する節を作ります。例えば、the year <u>when</u> I was born（私が生まれた年）とか、the day <u>when</u> we first met（私たちが初めて会った日）のように。下の英文の4行目にあるように、先行詞が the time の場合は、when か the time を省略できます。

英語で言ってみよう！	
ご存じの通り、1995年はわが社の製品を東南アジアで販売開始した年です。当地ではこの20年以上、極めて好調です。今やアフリカにも市場を拡大すべき時だと思います。いかがでしょうか。	As you know, 1995 is the year **when** we began marketing our products in Southeast Asia. We've been quite successful there over the last 20 years. Now is **the time** (when) we should expand our market into Africa. What do you say?

噺
参

せっけん噺

7 表現 work（うまくいく、機能する）

There are times when this works, and there's times when this doesn't work. (p. 66)

これが通用するときとしないときがあるんです。

workと言えば「働く」という意味をすぐに思いつきますが、実はいろいろな訳語をもつ単語の一つです。「期待されることを行う」で一括して覚えておくとよいでしょう。大人がworkなら「働く」、学生がworkなら「勉強する」、ペンがworkなら「書ける」、薬がworkなら「効く」、機械がworkなら「作動する」などです。

英語で言ってみよう！　 057

A: 休暇でフランスに行ったんだって。フランス語はできるの？
B: 旅行前の1カ月間、本で勉強してみたよ。
A: で、通じた？
B:「ボンジュール」と「メルシー」だけ。

A: I heard you went to France for vacation. Do you speak French?
B: I tried to learn it with a book for a month before the trip.
A: And did it **work**?
B: Only "Bonjour" and "Merci."

8 文法 助動詞 can ～（～することもある）

The times when it doesn't work, you can run into problems. (p. 66)

うまくいかないときは、問題が起こるんです。

canは「可能（性）」と覚えておきましょう。つまり、「～することが可能（できる）」と「～する可能性がある」です。上の文の後半は直訳すると、「あなたは問題にぶつかることがあります（可能性）」です。「可能」か「可能性」かは文脈で判断します。

英語で言ってみよう!

A: 地下鉄の駅はどこか教えていただ
  けますか。(可能)
B: あ、すぐ近くです。まっすぐ1区画
  行き、右に曲がります。すると入
  り口が見えます。すぐわかります。
  (可能性)

A: **Could** you tell me where the subway station is?
B: Oh, it's quite near here. Go straight one block and turn right. Then, you'll see the entrance. You **can't** miss it.

9 run into problems (問題にぶつかる)

The times when it doesn't work, you can run into problems. (p. 66)

うまくいかないときは、問題が起こるんです。

A run into *B*は「AがBにぶつかる(出くわす)」。AもBも「人」なら「ぶつかる／ばったり出くわす」、Bが上の文のように「困難な問題など」であれば「ぶつかる」、Aが「車」でBが「人や物」なら「衝突する」となります。似た表現にbump into 〜(〜にぶつかる／出くわす)があります。最近ニュースでよく聞くbump into a bear(クマに出くわす)で覚えておきましょう。

A: ひどい顔してる。どうしたの?
B: 二日酔いなんだ。新宿で昨日、高
  校時代の旧友に偶然会って、一
  緒に飲んだんだ。気がついたら、
  とっくに夜中の12時を過ぎてた。

A: You look awful. What happened?
B: I have a hangover. I **ran into** an old friend from high school in Shinjuku yesterday and we had a drink together. Before we realized, it was way past midnight.

噺
参

せっけん噺

文法 10 総称の they

Sir, perhaps that is an item which they only sell in America? (p. 68)

お客さま、おそらくそちらの商品は、アメリカでしか販売してない物ではないでしょうか。

p. 58 の ⑭ で「総称の you」について説明しました。ここでは、それとはちょっと異なる「総称の they」を説明します。これは、「話し手や聞き手が属さない国・地域・組織などに属する人々」を漠然と表す代名詞です。上の文の they は「（アメリカの）店に属する人々」、つまり「店員」を漠然と表しています。

英語で言ってみよう！　　　　　　　　　　　　　　　　🔊 060

A: あなたの国では英語を話しますか。
B: はい、ほとんどの人は話します。
A: それって公用語なんですか。
B: はい、でも、私たちの英語はイングランドやアメリカで話されているのとは少し違います。シングリッシュと呼んでいます。私たちの言葉なんです。

A: Do you speak English in your country?
B: Yes, most people do.
A: Is it an official language?
B: Yes, but our English is a little different from what **they** speak in England or America. We call it Singlish. It's our language.

文法 11 関係代名詞 what: what S + V（SがVすること／もの）

He refused to understand what I was saying. (p. 70)

店員さんにはどうしても分かってもらえなかったんです。

この文は直訳すると「彼はどうしても私の言っている<u>こと</u>を分かろうとしなかったんです」。what には「何」（疑問詞）のほか、「〜するところのこと／もの」（関係代名詞）の用法があります。「何」と訳して不

自然なら関係代名詞で解釈しましょう。上の what はどちらでもよさそうですね。実は、疑問詞と関係代名詞のどちらで解釈しても内容が変わらない what は少なくありません。

英語で言ってみよう！ **061**

A: 彼女の望んでいるものが何なのか分からない。
B: 聞いてみてはどう？ 今重要なことは行動を起こすことよ。
A: 自分もそう思ったけど…。

A: I don't know **what** she wants.
B: Why don't you ask her? **What**'s important now is to take action.
A: That's **what** I thought, but ...

表現

⑫ leave out 〜（〜を省く／除外する）

I was leaving out a very important syllable ... (p. 70)

大事な音節の一つを漏らしてたんです。

leave out 〜 は直訳すれば「〜を外に残す」。そこから「〜を省く／除外する」という意味で使います。include が「（全体の一部として）含める」に対して、leave out は「（本来中にあるべきものを）外す」というイメージで覚えておきましょう。目的語が代名詞や短い語の場合は、leave 〜 out のように間に入れます。

英語で言ってみよう！ **062**

A: 今日は議題が多過ぎますね。最後のを外してはどうでしょう。
B: いや、あれは緊急の課題です。外すことはできません。

A: There are too many items on the agenda today. Why don't we **leave out** the last one?
B: No, that one's urgent. We can't **leave** it **out**.

噺

参

せっけん噺

83

13 表現 before *do*ing（～する前に）

It just instructs you to wait a little bit before proceeding to the next syllable. (p. 70)

次の音節に行くまでちょっと待ってと指示するだけなんです。

before *do*ing は「～ する前に」。節（S＋Vの形）で表現すれば before you proceed ... となります。同様の表現に after *do*ing（～した後で）、when *do*ing（～するときに）、while *do*ing（～している間）などがあります。

英語で言ってみよう！　　　　　　　　　　　🔊 **063**

日本では食べる前に「いただきます」と言います。食事中は、口をいっぱいにして話してはいけません。マナー違反とされます。食べ終わったら「ごちそうさま」と言います。「おいしい食事をありがとう」という意味です。	In Japan, we say, "Itadakimasu" **before** eat**ing**. And **while** eat**ing**, don't talk with your mouth full. It's considered bad manners. **After** eat**ing**, we say, "Gochisosama," which means "Thank you for the delicious meal."

14 表現 There's no difference.（何ら違いがない）

There's no difference to me. (p. 70)

私にはまったく同じに聞こえるんです。

この文の直訳は「私にとってまったく違いがない」。落語の中ではこの文に続けてさらに詳しく、There's no difference to ～ between *A* and *B*.（～にとって、AとBには何ら違いがない）と述べています。ついでに It makes no difference.（何ら違いがない／どっちでもいい）も覚えておきましょう。

■) 064

英語で言ってみよう！	
A: 私はイギリス英語を勉強した方が いいですか、それともアメリカ英 語？	A: Should I study British English or American English?
B: イギリス英語を勉強してもアメリカ 英語でも、何ら変わらないよ。	B: **It makes no difference** if you study British or American English.
A: イギリス英語とアメリカ英語に違 いがないということですか。	A: You mean **there's no difference** between them?
B: あるけど、大した違いじゃない。	B: There is, but very little.

表現 15 calm down（落ち着く、静まる）

Sir, could you please just calm down for me one minute? (p. 70)
お客さま、ちょっと落ち着いてください。

calm は「（人の心／物事が）落ち着く、静まる」を意味し、自動詞としても他動詞としても使えます。また、stay calm（平静を保つ）のような形容詞の用法と、the calm before the storm（嵐の前の静けさ）のような名詞の用法もあります。目を閉じてゆっくり、これらの語句を発音してみてください。「穏やかな」気持ちになりませんか。

英語で言ってみよう！ ■) 065

英語で言ってみよう！	
A: 地震!? 揺れてる！ ああ、神さ ま、神さま。どうしましょう。	A: Is that an earthquake!? It's shaking! Oh, my God. Oh, my God. What should I do?
B: 慌てないで、ルーシー！ 落ち着 いて、机の下にもぐり身を守るん だ。いい？ わかった？ ルーシ ー、ルーシー、どこにいる？	B: Don't panic, Lucy! **Calm down** and get under the desk to protect yourself. OK? Got it? Lucy, Lucy, where are you?
A: 田中さん、落ち着いて。もう下に いるわ。	A: **Calm down**, Mr. Tanaka. I'm already down here.

噺 参

せっけん 噺

文法 16

関係代名詞の省略

I'm just not quite sure if I've ever heard of the item (which / that) you're looking for. (p. 70)

お客さまがお探しの商品は聞いたことがないんで。

the itemとyou're ... の間に関係代名詞（which/that）が省略されています。関係代名詞が節の中で目的語になっている場合は、しばしばこのように省略されます。「〜（名詞）S＋V」があったら「SがVする〜」と理解しましょう。a book he wrote（彼が書いた本）のように。

英語で言ってみよう！	🔊 **066**

A: 昨夜送ったメール、読んでくれた？
B: ごめん、読んでない。何だったの？
A: 今日打合せをするクライアントのことなんだけど。
B: あ、何か知っておきたいことがあったとか？

A: Did you read the email (**that**) I sent last night?
B: Sorry, I didn't. What was it about?
A: It was about the client (**whom**) we're meeting today.
B: Oh, was there something (**that**) you wanted to know about them?

話術 17

相手の注意を引く Look.（いいですか、ほら）

OK, look. Look. (p. 70)

わかった、あのな。ええか。

Look.（いいですか、ほら）は、大切なことを言う前に相手の注意を引くための表現です。時に、いらだちも表します。もともとLook.は「見なさい」ですが、「注目」にとどまらず、「注意せよ」といった含みがあります。分からず屋を説得するときに使えそうですね。似た表現にListen.（いいですか／ねえ／よく聞いてよ）があります。

067

英語で言ってみよう！

来週2日休みたい？　いいかい、君は2週間の休暇を取って戻ってきたばかりだ。そして、今、仕事がどっさりたまっているよね。いいかい、私は休みを取るなと言っているんじゃない。でも、それ、来月にできないかね、来週じゃなくて。

You want to take two days off next week? **Look**, you just came back from a two-week vacation, and now you've got tons of work piled up. **Listen**, I'm not saying you can't take days off. But I wonder if you can make it next month, not next week.

文法

18 前置詞 in + ～（時間）（～で）

in two months I'm going to run out ... (p. 72)

また2カ月もすれば切れる。

I live in Tokyo. のように、前置詞 in のイメージは「範囲」です。これが、「in +～（時間）」で使われると「時間の経過の範囲」を示し、「～のうちに」という意味になります。未来にも過去にも、現在完了にも使えます。

噺 参

せっけん噺

英語で言ってみよう！

068

A: 20分でミーティングが始まるよ。
B: 心配無用。あと10分でパワーポイントのスライドができ上がるから。おー、過去3カ月で売り上げが倍増したか。よーし、このグラフは目立つように作らないと。…もうちょっとで準備完了だ。

A: The meeting will begin **in** 20 minutes.
B: Don't worry. I can finish the PowerPoint slides **in** 10 minutes. Oh, sales have doubled **in** the past three months. OK, I'll have to make this graph eye-catching. ... I'll be ready **in** a minute.

19 使役のmake：〈make＋人＋動詞の原形〉（人に〜させる）

Japanese people say certain things to me to make me lose confidence in my English. (p. 72)

日本人の方が、私の英語の自信をなくさせるようなことをおっしゃいます。

このmakeは使役動詞と呼ばれます。〈make＋目的語（O）＋動詞の原形〜〉で「Oに〜させる」を意味します。使役動詞にはmakeのほかに、let、haveがあり、makeは「（半ば強制的に）〜させる」、letは「（許可して）〜させてやる」、そしてhaveは「（中間的に）〜させる／してもらう」です。

英語で言ってみよう！　　　　　　　　　　　　　🔊 069

A: 私を交渉に行かせてください。契約書に署名させます。
B: よし、君に任せよう。いつ行けそうかね？
A: 予定表をチェックして、お知らせします。
B: わかった。秘書に君の飛行機とホテルを予約してもらおう。

A: **Let** me go and negotiate. I'll **make** them sign the contract.
B: OK, I'll leave it to you. When do you think you can go?
A: I'll check my calendar and **let** you know.
B: Good. I'll **have** my secretary reserve a flight and a hotel for you.

20 受動態：get 〜（過去分詞）（〜される）

And then, sometimes I get asked to performed in English ... (p. 74)

そして時々、英語落語を依頼されます。

受動態は「be ＋〜（過去分詞）」が基本形。「〜される」（動作）と「〜されている」（状態）の両方を表し、どちらの意味かは文脈で判断し

ます。例文のように、be動詞の代わりにgetを使うと、動作だけの受け身を表します。

英語で言ってみよう！

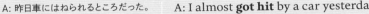

🔊 070

A: 昨日車にはねられるところだった。
B: またスマホを見ながら歩いていたの？　怒鳴られた？
A: いや、僕が運転手を怒鳴ってやった。道路を見ないで携帯を見てたんだ。

A: I almost **got hit** by a car yesterday.
B: Were you walking along looking at your smartphone again? Did you **get yelled at**?
A: No, I didn't. I yelled at the driver. He was looking at his cellphone instead of the road.

噺
参

せっけん噺

ユーモアの効果

松岡 昇

「ユーモアは敵を作らず」と言われます。確かにそうかも知れません。自分を楽しい気分にさせてくれる人を私たちは嫌ったりしませんよね。*Humor that Works* の著者、Andrew Tarvin は、"People think of humor as a nice-to-have*. (中略) The reality is that humor is a must-have**." と断言しています。同感です。「ユーモアの効果」はいろいろあるようですが、Tarvin は動画配信サービス TED Talks の中で、さまざまな文献から以下のようなものを取り上げています。

1. Gets people to listen. (相手に話を聞いてもらえる)
2. Increases long-term memory retention. (長期記憶を高める)
3. Improves understanding. (理解力を高める)
4. Aids in learning. (学習を助ける)
5. Helps communicate messages. (メッセージ伝達に役立つ)
6. Improves group cohesiveness. (団結力を高める)
7. Reduces status differentials. (立場の格差を減らす)
8. Diffuses conflict. (対立を緩和する)
9. Builds trust. (信頼を築く)
10. Brings people closer together. (人と人との親密度を高める)

　上記の1, 2, 3, 5などの効果を考えると、プレゼンやミーティングなどでユーモアを交える必然性が理解できますね。話をよく聞いてもらいたい、よく覚えていてほしい、よく理解してほしい、上手に伝えたい…。こんなときにユーモアは有効なんですね。私は大学で「英語プレゼンテーション」の授業も担当していますが、発表時に「ジョークを必ず1つは入れる」といった条件を付けています。ある女子学生は Hello, my name is Ohmeshi (大飯), but I'm not a big eater. と言って、プレゼンの冒頭で笑いを取りました。5年経った今も彼女の名前は覚えています。また、「神社」の説明をした男子学生は、スクリーンに生姜の画像を写して、This is ginger, not jinja. とボケて「神社」の発音を外国人向けに印象付けました。10年くらい前のことですが忘れられません。

　また、上の6〜10からわかるのは、よい人間関係を作るにもやはりユーモアが役立つことです。人と人の結束を強め、地位の違いや対立を緩和してくれます。特に企業では重要なことで、外国人社員を抱える企業ではなおさらです。私が企業で「異文化間ビジネスコミュニケーション」の研修を行うときには、やはりユーモアのこの効果について必ず言及することにしています。

*nice-to-have あるといいもの
**must-have なくてはならないもの

Jugemu

*A big bump
on my head!*

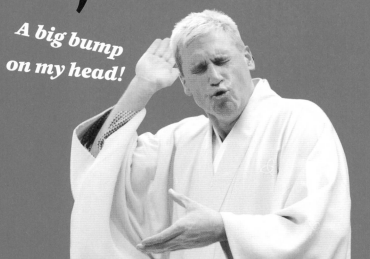

あらすじ ｜ 『寿限無』の見せ場は男の子の長い名前の読み上げです。三輝師匠がひ
らがなで136文字にもなる名前を淀みなく言い切ると、客席は拍手喝さい。
それに対し師匠は「皆さまの拍手に値すると思います。覚えるのにめちゃくちゃ時間がかか
りましたから」と笑いを取ります。かつて、この噺のサゲ（結末）はこの男の子に不幸が訪
れるというものでしたが、現代ではここに収録されたサゲが一般的になっています。

目的別・効果的な学習法

※詳細は p. 6, 7

L
　□ ❶リスニング
　□ ❷リピーティング

S
　□ ❶語彙・表現の収集
　□ ❷リード＆ルックアップ

**L
&
P**
　□ シャドーイング

＊それぞれの練習が終わったら ☑ を入れましょう。

071 長～い名前の男の子

Once upon a time, there was a little boy with a very long name. His name was Jugemu Jugemu Goko no Surikire Kaijari Suigyo no Suigyomatsu Ungyomatsu Furaimatsu Kunerutokoro ni Sumutokoro Yaburakoji Burakoji Paipo Paipo Paipo no Shuringan Shuringan no Gurindai Gurindai no Ponpokopi no Ponpokona no Chokyumei no Chosuke. It was a very long name. (*Applause*)

Thank you. I ❶ deserve that applause. ❷ It took me a long time to learn the name.

語彙と発音

訳

once upon a time
昔々
with ~
〜を持つ

　昔々、とても長い名前を持つ男の子がおりました。その子の名前は「じゅげむ　じゅげむ　ごこうのすりきれ　かいじゃりすいぎょの　すいぎょうまつ　うんぎょうまつ　ふうらいまつ　くうねるところに　すむところ　やぶらこうじ　ぶらこうじ　ぱいぽ　ぱいぽ　ぱいぽの　しゅーりんがん　しゅーりんがんの　ぐーりんだい　ぐーりんだいの　ぽんぽこぴーの　ぽんぽこなーの　ちょうきゅうめいの　ちょうすけ」。とっても長い名前でした。（拍手）

　ありがとうございます。いやぁ、皆さまの拍手に値すると思います。覚えるのにめちゃくちゃ時間がかかりましたから。

噺四

寿限無

One day, his neighbor Kin-chan came to ❸ pick him up for school. And Kin-chan said, "Jugemu Jugemu Goko no Surikire Kaijari Suigyo no Suigyomatsu Ungyomatsu Furaimatsu Kunerutokoro ni Sumutokoro Yaburakoji Burakoji Paipo Paipo Paipo no Shuringan Shuringan no Gurindai Gurindai no Ponpokopi no Ponpokona no Chokyumei no Chosuke, ❹ time to go to school!"

And Jugemu's mother came out and said, "Arama Kin-chan, you're so nice. But our Jugemu Jugemu ..., is sleeping. Wait here. Wait here. I'll wake him up."

"Hey, hey! Jugemu Jugemu ..., wake up! Kin-chan is here to pick you up! I'm sorry, Kin-chan. I'm sorry, Kin-chan. Please wait. Please wait. Jugemu Jugemu Goko no Surikire Kaijari Suigyo no ..."

(*Bell sounds*)

"Ma'am! His name was ❺ so long, school for today ❻ is already finished."

Two or three days later, this Kin-chan and this Jugemu got into a fight. Jugemu ❼ hit Kin-chan on the head. Kin-chan got a big bump on his head. "Ah!" He went crying to Jugemu's house.

"Oaaaah!"

"Arama Kin-chan. ❽ What's wrong? What happened?"

"Oh, your son, Jugemu Jugemu ..., hit me on the head. And now I ❾ gotta big bump on my head."

訳

　ある日、お隣のきんちゃんが学校に行こうと迎えに来ました。きんちゃんは、「じゅげむ　じゅげむ……(略)ちょうすけく〜ん、学校行きましょう!」と言いました。

wake him up
彼を起こす

be here to *do*
〜しにここへ来た

　じゅげむのお母さんが出てきまして、「あらま、きんちゃん、優しいわねぇ。でも、うちのじゅげむ　じゅげむ……(略)は、まだ寝てんのよ。ここで待ってて。ここで待っててね。起こしてくるから」

　「こら、こら!　じゅげむ　じゅげむ……(略)起きなはれ!　きんちゃんが迎えに来てくれてはるよぉ!　ごめんね、きんちゃん。ごめんね、きんちゃん。待っててね。待っててね。じゅげむ　じゅげむ……(略)!」

　(キーンコーンカーンコーン)

be finished
終わる

　「おばちゃん!　名前があんまり長過ぎて、もう、今日学校終わってしもたぁー!」

get into a fight
けんかをする

　数日後、このきんちゃんとじゅげむがけんかをしました。じゅげむがきんちゃんの頭をたたきました。きん

bump
こぶ

go crying to 〜
泣きながら〜へ行く

ちゃんは頭に大きなたんこぶをこさえてしまいました。「わぁーん!」。きんちゃんは、泣いてじゅげむの家に行きます。

　「わぁーん!」

　「あらま、きんちゃん。どないしたん?　何があったん?」

　「わぁ〜ん。おばちゃんとこのじゅげむ　じゅげむ……(略)が僕の頭をたたいたぁ!　ほんで、頭に大きなたんこぶができたぁ!」

"Arama Kin-chan, I can't believe that happened. Wait here. Wait here. Husband! Husband! Did you hear? Did you hear? Our son, Jugemu Jugemu ..., hit Kin-chan on the head, and now he has a big bump on his head! What do you think about **⑩** that, husband? What do you think about that?"

"What did you say? Your son, Jugemu Jugemu Goko no Surikire Kaijari Suigyo no, Jugermu Jugemu Goko no, Jugemu Jugemu—Kin-chan, Kin-chan, there's no bump on your head."

"Aah! His name was so long the bump went away."

So then I **⑪** got the survey of the students after the performance in Hokkaido at the university, and I got these kinds of comments from the students who were watching the show.

"Sunshine-san speaks very good English, I was surprised."
"Sunshine-san's English **⑫** sounds just like a native speaker."

Ladies and gentlemen, I'm Katsura Sunshine! Thank you very much. Thank you very much. 🍵

語彙と発音	訳

Did you [ディジュ]

go away
消える

「あらま、きんちゃん、何てこと。ここで待ってて、ここで待っててね。あんた！　あんた！　聞いた？　聞いた？　うちのじゅげむ　じゅげむ……（略）がきんちゃんの頭をたたいたんやて、それできんちゃんの頭に大きなたんこぶができたんよ。どう思う、あんた？　ねぇ、どう思う？」

「何やて？　おまえの息子のじゅげむ　じゅげむ　ごこうのすりきれ　かいじゃりすいぎょの……じゅげむ　じゅげむ　ごこうの……じゅげむ　じゅげむ……きんちゃん、きんちゃん、頭にたんこぶないでぇ」

「わぁーん！　名前があんまり長過ぎて、こぶがへっこんでしもたぁ！」

　その北海道の大学での公演の後、学生さんたちにアンケートをとらせていただきました。すると、公演を見た学生さんたちからこんなコメントを頂きました。

「三輝さんはとても英語がうまい。驚きました」「三輝さんの英語はまるでネイティブスピーカーみたい」

皆さま、桂三輝でございました。ありがとうございました。ありがとうございました。☕

噺
四

寿
限
無

97

落語で学べる 英語表現

表現 1 deserve 〜 (〜を受けるに値する)

I deserve that applause. (p. 92)

皆さまの拍手に値すると思います。

deserve 〜 は「（称賛・報酬・罰など）〜を受けるに値する」という動詞です。上の文のように「〜」の部分に名詞が来ますが、deserve to *do* のように不定詞が続くこともあります。

英語で言ってみよう！　　　　　　　　　　　　　🔊072

A: 田中さんが昇進したそうだよ。
B: うん、まあ当然ね。課長に昇進するに値するね。よくやってたもの。
A: いいなあ。

A: I heard Mr. Tanaka got a promotion.
B: Yeah, he **deserves** it. He **deserves to be** promoted to section chief. He's been doing well.
A: He's so lucky.

表現 2 It takes+人+〜+to *do* (…するのに、人に〜の時間を要する)

It took me a long time to learn the name. (p. 92)

覚えるのにめちゃくちゃ時間がかかりましたから。

〈It takes + 人 + 〜 +to *do* 〉の表現は、「人」や「to *do*」が略されて使われることも多いです。また、「〜」には上の文のような時間のほかに「努力・お金・特質」などが来ることもあるので、「…するのに、人に〜を要する」と覚えておくとよいでしょう。

英語で言ってみよう！　　　　　　　　　　　◀ **073**

A: 英語が上手ですね。どうやって勉強したんですか。長くかかりました？

B: はい、簡単ではなかったですね。大学を卒業した後、語学学校に行ったんです。週2回、夜、仕事が終わった後に。まともなディスカッションができるレベルに達するのに4年かかりました。

A: You speak good English. How did you learn it? Did **it take long**?

B: Yeah, it wasn't easy. After university, I went to a language school, twice a week, in the evening after work. It **took me four years to** get to a level where I could have a proper discussion.

表現 3　pick up 〜 / pick 〜 up（〜を迎えに来る／行く）

One day, his neighbor Kin-chan came to pick him up. (p. 94)

ある日、お隣のきんちゃんが迎えに来ました。

 pick up の原義は「（下にあるものを）拾い上げる」。これが発展して、「〜を迎えに来る／行く」、「〜を車に乗せる／車で迎えに行く」「〜を受け取る」などの意味で使います。目的語（〜）が代名詞や短い語であれば pick 〜 up、長ければ pick up 〜 の語順が好まれます。

英語で言ってみよう！　　　　　　　　　　　◀ **074**

A: ブラウンさんが明日、羽田に到着します。迎えに行ってもらえますか。

B: 何時に到着予定ですか。

A: 夜の7時30分です。

B: すみません、行けません。帰宅途中に洗濯物を取りに行かなければなりません。7時に閉まってしまうんです。

A: Ms. Brown is arriving at Haneda tomorrow. Could you **pick** her **up**?

B: What time is she arriving?

A: 7:30 p.m.

B: I'm sorry, I can't. I have to **pick up** my laundry on my way home. They close at 7:00.

4 表現 [It is] time to *do* (〜する時間です)

Jugemu Jugemu ..., time to go to school. (p. 94)

じゅげむじゅげむ…、学校行きましょう。

上の文では time の前に It is が省略されています。It is time to go to school. (学校に行く時間だよ) が元の形です。また、不定詞の意味上の主語を特定するには、It is time for ... to *do* とし、「…が〜する時間です」と表現できます。

英語で言ってみよう!	🔊 075

A: おっ、こんな時間だ。もうすぐ6時。
B: そうね、帰る時間でーす。ノー残業デー！ うれしい！
A: 個人的にはあと1時間働いてこの仕事を片付けたいんだけど。
B: いやあ、だめ。今やすべての従業員がワークライフバランスに目を向ける時なの。

A: Oh, look at the time. It's almost six.
B: Yeah, it's **time to** leave. No-overtime day! I'm so happy!
A: Personally, I feel like working another hour to finish up this work.
B: Well, you can't. **It's time for** all of us to look to work-life balance.

5 表現 so 〜 (that) ... (とても〜なので…だ)

His name was so long, school for today is already finished. (p. 94)

名前があんまり長過ぎて、もう、今日学校終わってしもたぁー！

so 〜 that ... (とても〜なので…だ) の構文では、上の文のように that がしばしば省略されます。また、似た表現に so 〜 as to *do* (…するほど〜)、so that ... (…するように) があります。一緒に覚えておきましょう。

英語で言ってみよう！　◀ **076**

A: もう少し大きな声で話していただけ
ますか、みんなに聞こえるように。
B: 実は、とても緊張していて大きな
声で話せないと思います。自分が
震え始めるほど緊張するとは知り
ませんでした。ほら、見て！
A: 落ち着いて！　大丈夫。ほら、マ
イクを使えばいいですよ。

A: Could you speak a little louder **so (that)**
everyone can hear you?
B: Actually, I'm **so** nervous **(that)** I don't
think I can. I didn't know I'd be **so** ner-
vous **as to** start shaking. Look at me!
A: Relax! It's OK. Here, you can use the mi-
crophone.

 文法 **6** 完了形：be動詞 + ～（自動詞の過去分詞）

His name was so long, school for today is already finished.
(p. 94)
名前があんまり長過ぎて、もう、今日学校終わってしもたぁー！

 finish、go、come、arrive などは〈be + ～（過去分詞）〉でも完了
を表すことができます。一見、受動態と見間違いそうですが、いず
れも自動詞の過去分詞なので、誤解につながることはありません。ち
なみに、上の finish は「終わる」という自動詞で使われています。

英語で言ってみよう！　◀ **077**

A: 終わりましたか、鈴木さん？
B: まだです。あと2ページのデータを
入力しなければなりません。
A: 田中さんはどこに？　一緒にその
仕事をすることになっていなかっ
たかな？
B: 帰りました。彼は5時になるとすぐ、
ドアから飛び出すように帰ります。

A: **Are** you **finished**, Ms. Suzuki?
B: Not yet. I still have two pages of data to
enter.
A: Where is Mr. Tanaka? Wasn't he sup-
posed to share the work with you?
B: He**'s gone**. He flies out of the door as
soon as it gets to 5:00.

 噺
四

寿
限
無

表現 hit ～ on the head (～の頭をたたく)

Jugemu hit Kin-chan on the head. (p. 94)

じゅげむがきんちゃんの頭をたたきました。

直訳すると「じゅげむがきんちゃんを頭の部分でたたいた」となります。〈動詞＋相手＋相手の体の部位〉という表現です。部位を目的語にして、Jugemu hit Kin-chan's head. としても行為自体は変わりません。違いは、前者が「相手」に焦点を置いているのに対し、後者は「部位」に焦点があります。

英語で言ってみよう！	🔊 078
A: 彼は私の腕に手を置いたの。そして、私の目を見つめ、私は目を閉じた… B: そして…あなたにキスを？ A: そう、やさしく…唇に。 B: 何てロマンチックなんだ！	A: He put his hand on my arm. Then, he **looked me in the eye** and I closed my eyes ... B: And ... he **kissed you**? A: Yes, softly ... **on the lips**. B: How romantic!

文法 前置詞：「関する」with

What's wrong (with you)? What happened? (p. 94)

どないしたん？　何があったん？

前置詞withのイメージは「付帯」です。I went with Michiko. の「～と一緒に」がその代表ですが、もう一つ覚えてほしいものに「関する」という用法があります。It's OK with me.（私に関してはOKです）のwithです。上の文ではwith youが省略されていますが、直訳すれば「（あなたに関して）何が悪いですか」です。大事なwithの用法なので、あえて取り上げました。

英語で言ってみよう!	
A: この計算、何か間違っている。あなたは、エクセルは得意？ B: 得意だけど、何してほしいの？ A: このスプレッドシート、手伝って。コーヒーおごるから。 B: よし、決まりだ。	A: There's something wrong **with** this calculation. Are you any good **with** Excel? B: Yeah, but what do you want? A: Help me **with** this spreadsheet. I'll buy you a coffee. B: Deal.

表現 ⑨ gotta = have/has got to, have/has got a

And now I gotta big bump on my head. (p. 94)

ほんで、頭に大きなたんこぶができたぁ!

gottaは、①have/has got to *do*（〜しなければならない）と②have/has got a 〜（〜を持つ、手に入れる）のくだけた発音です。上の文は②で、書き直せば、I have got a big bump ... となります。親しい間の会話では、①の意味で頻繁に使われます。くだけた発音にはほかにwanna = want to、gonna = going toがあります。

英語で言ってみよう!	
A: じゃあ、君は中国語を勉強したいんだね。僕に中国出身の友人がいるよ。彼女はあとでここに来る。彼女なら君の先生になってくれるかも。 B: そうしてもらえるとうれしいわ！彼女がどう言うか教えてね。もう行かなくちゃ。また、あとで。 A: じゃあ、あとで。	A: So, you **wanna** study Chinese. I **gotta** friend from China. I think she's **gonna** be here later. Maybe she could be your teacher. B: That'd be great! Let me know what she says. I **gotta** go now. Talk to you later. A: Catch you later.

10 感情を込めたthatと中立的な it

What do you think about that, husband? (p. 96)

どう思う、あんた?

What do you think about <u>it</u>? と言ったり、What do you think about <u>that</u>? と言ったりしますが、itとthatの違いは何? と思ったことはありませんか。感情を込めるときにはthatを使い、それ以外はit、と覚えておきましょう。上の文には、じゅげむのお母さんの、息子が大変なことをしてしまったという気持ちが表れています。

英語で言ってみよう!

 081

A: 聖治が結婚するって聞いたんだけど。それって本当?

B: うん、僕も聞いて驚いたよ。自分は絶対結婚しないってよく言っていたからね。

A: I heard Seiji's getting married. Is **that** true?

B: Yeah, I was surprised to hear **that** myself. He was always saying he'd never get married.

11 get/conduct a survey of 〜 (〜のアンケートをとる)

I got the survey of the students after the performance ... (p. 96)

公演の後、学生さんたちにアンケートをとらせていただきました。

surveyは「(アンケートなどによる)調査」。「(アンケート調査)をする」には、conduct、carry out、take、doなどの動詞を使います。ここではくだけてgetを使っています。なお、「アンケート」そのものを意味する語はquestionnaireです。

英語で言ってみよう！　　　　　　　　　　　　　🔊 **082**

グラフを見てください。先月アンケート調査をして、このような結果が出ました。かいつまんで言えば、テレビのコマーシャルは私たちが期待していたほど消費者にインパクトがなかったということです。	Take a look at the graph. We **conducted a survey** last month and had these results. In a nutshell, the TV commercials didn't have as much impact on consumers as we had expected.

表現 ⑫ sounds like 〜 （〜のようだ）

Sunshine-san's English sounds just like a native speaker.
(p. 96)

三輝さんの英語はまるでネイティブスピーカーみたい。

sound like 〜は「〜のようだ」。soundという動詞から分かるように「（聞いたところ）〜のようだ」という意味です。「（見たところ）〜のようだ」ならlook like 〜、「（推測で）〜のようだ」ならseem like 〜。いずれも〜には名詞か名詞節が来ますが、形容詞が続く場合にはlikeは要りません。

英語で言ってみよう！　　　　　　　　　　　　　🔊 **083**

A: ホテルのレストランで夕食をとろうか。 B: ロマンチックだわ。 A: で、夕食の後、遊園地に行こうよ。どう？ B: 楽しそうだけど、雨が降ってきそうよ。	A: We can have dinner at a hotel restaurant. B: **Sounds romantic**. A: And after dinner, we can go to the amusement park. What do you say? B: **Sounds like** fun, but **looks like** it's going to rain.

噺四

寿限無

落語が世界の rakugo に

松岡 昇

　私はかねてから、落語とジャズは似ていると思っています。陽気で手放しに楽しめるものもあれば、人情味にあふれるものもあり、また、哲学的なものもあります。また、同じ噺（曲）でも演者（演奏者）によって仕上がりが異なれば、同じ演者が同じものをやっても二度と同じパフォーマンスにならないことも共通しています。さらにいずれもファンは決して多くなく、しかし熱心であることです。このために、小さな演芸場（クラブ）で楽しめるのも共通しています。

　個人的には落語もジャズも現状でいいと思いつつ、こんな素晴らしいものだからもっと多くの人にも楽しんでほしいという気持ちがあります。ジャズはダンス音楽だった時代（1920 年から 1950 年代）を除けば、大衆に幅広く支持される音楽とは言えませんでした。しかし、その芸術性は高く評価され、アメリカから世界の多くの国々に広がりました。おかげで、私も人生の多くをジャズで楽しませてもらっています。

　同様に落語も世界に広がらないだろうかと思うわけです。実は 30 年ほど前に、二代目桂枝雀がこれを始めたのです。アメリカとカナダで「英語落語」公演を行っています。言葉が壁だった落語を枝雀は英語で演じたのです。私が最初に聞いた「英語落語」は、この頃の枝雀の「動物園（Zoo）」でした。落語は小学生の頃から好きでしたが、このとき一瞬にして「英語落語」の虜になりました。カセットテープに録音された枝雀をまねてみたこともありました。

　枝雀以来、多くはありませんが一部の噺家の間で「英語落語」の活動は続いています。外国人の英語落語家も三輝さんを含め数人います。ジャズのように、その芸術性が認められ、日本のアニメや漫画が世界の anime や manga になったように、落語も近い将来、世界の rakugo になるのではないだろうかと密かに期待しつつ応援しています。本書の出版もその応援の一部です。

　皆さんもぜひ、その応援団に加わってください。いや、応援団ではなく、演じる側でもいいですね。私は英語仲間や外国人と飲んだりするときに、ときどき英語の小噺をやります。ネタのひとつが本書 p. 23 の上の「英語で言ってみよう！」にある話です。これは寄席で書き取った小噺を私なりに英訳したものです。やってみてください。けっこうウケます。また、私の友人で英語落語家の大島希巳江さんが書いた『英語で小噺！』（研究社）にもたくさん面白い小噺があります。本書と合わせてお楽しみください。

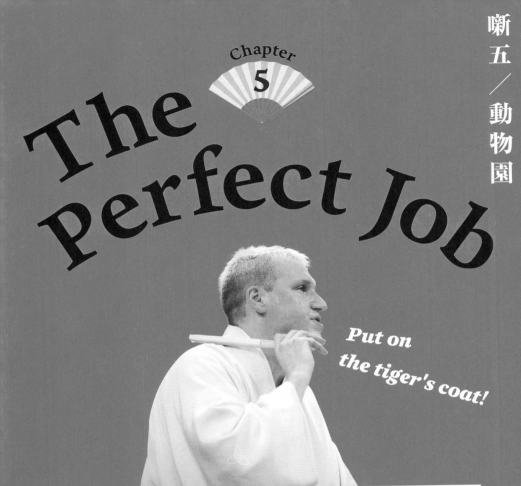

The Perfect Job

Put on the tiger's coat!

あらすじ ｜ 仕事が長続きしない喜六は、母親の知り合いの甚兵衛さんからも、早く仕事に就くよう促されます。すると喜六は、自分に合う仕事の5つの条件を伝えます。そのどれもがまともな内容ではありませんが、甚兵衛さんは偶然にも、喜六に薦めようと思っていた仕事がその条件にぴったり合うことに気づき、その仕事場を紹介します。その職場は「動物園」。仕事内容を聞いた喜六は動物園の園長を訪ねて行きます。

目的別・効果的な学習法

※詳細はp.6, 7

L
- ☐ ❶リスニング
- ☐ ❷リピーティング

S
- ☐ ❶語彙・表現の収集
- ☐ ❷リード＆ルックアップ

L&P
- ☐ シャドーイング

＊それぞれの練習が終わったら ☑ を入れましょう。

 084　5つの労働条件…

Ladies and gentlemen, thank you very much for coming from a faraway place at a busy time in your lives. I am traditional Japanese rakugo comic storyteller Katsura Sunshine!

You know, I love this job because I go in front of people and tell a few jokes and then tell a funny story and everybody laughs. And then my day of work is finished. I think I've found the perfect job for me. But, you know, we ❶ spend so much time working in our lives that finding the perfect job for us is maybe one of the most important things we can do.

(*knocking sound*)

Kiroku : Hello! Hello! Anybody home? Jimbei-san? Hello!

Jimbei : Who is it? Ah, Kiroku. Come in, come in, come in. I was talking to your mother, and she's very, very upset. She's not happy. It sounds like you don't want to work. Sounds like you don't want to do a job. I heard you've already quit 10 jobs.

Kiroku : Who's quit 10 jobs? Who's quit 10 jobs?

Jimbei : Oh, sorry, sorry. So, you've only quit nine jobs?

Kiroku : I've quit 11 jobs.

語彙と発音

one of [ワナヴ]

upset
怒った

It sounds like ~.
〜のように聞こえる。

quit
〜を辞める

Who's ~?
= Who has 〜 ?

訳

　皆さま、お忙しい中、遠いところからお越しいただき、厚く御礼申し上げます。私は落語家の桂三輝と申します！

　私は、この仕事が大好きです。皆さんの前に出て、冗談を幾つか飛ばし、続けて面白い噺をすると、皆さんが笑ってくださる。で、私のその日のお仕事はおしまい。私にぴったりの職業を見つけたと思っています。人生の中で働いている時間は長いので、自分にぴったり合った職業を見つけるのは、最も重要なことの一つではないでしょうか。

（戸をたたく音）

喜六：こんにちは！　こんにちは！　いてはりますか。甚兵衛さん？　こんにちは！

甚兵衛：誰や？　あー、喜六かいな。ま、こっち上がり、上がり、上がり。お前のかあちゃんと話してたんやが、えらい怒ってはったでぇ。ぼやいてはった。なんやお前、働きたない、仕事したないそやないか。もう10回も仕事辞めたそうやなぁ。

喜六：誰が10回でんねん、誰が10回辞めてますねん。

甚兵衛：おー、すまん、すまん。まだ9回やったかな。

喜六：11回ですがな。

Jimbei : That's ❷ even worse. Don't you think ❸ it's time you started working for a living?

Kiroku : Ah, Jimbei-san, I want to work. I would like to ❹ do a job. If I could find the perfect job for me, I would be happy to do that job.

Jimbei : Oh, oh, oh, oh. So, what's the perfect job for you, then?

Kiroku : I have several ❺ working conditions.

Jimbei : Working conditions?

Kiroku : Yes. Working conditions.

Jimbei : Oh, all right. Tell me your working conditions.

Kiroku : No. 1, ❻ I'm not very good in the morning. I cannot do a job ❼ that starts before 11 a.m.

Jimbei : 11 a.m. It's too late.

Kiroku : Yeah, it's too late, right? Ha-ha. No. 2, I'm not very strong. I can't do a job that requires power or heavy lifting. And No. 3, I'm not very ❽ smart. I can't do a job that requires

Don't you [ドンチュ]

If I could *do*
もし〜できるのなら
I would be happy to *do*
喜んで〜するだろう

甚兵衛：余計いかんがな。そろそろ食べていけるよう、働き始めなあかんと思わんか。

喜六：あぁ、甚兵衛さん、わても働きたいんです。仕事欲しいんです。もし、わてにぴったり合う仕事が見つかったら、喜んで働かせてもらいます。

甚兵衛：おーおーおーおー。ほなら、お前にぴったり合う仕事て、どんな仕事や？

喜六：仕事に条件ちゅうのがおまんねん。

甚兵衛：条件？

喜六：へぇ、条件です。

甚兵衛：ほぉ、わかった。その条件ちゅうのを聞かせてもらおか。

喜六：まず、一つ目。わて、朝はあんまり得意やおまへんねん。朝11時より前に始まる仕事はできまへん。

甚兵衛：11時かいな。遅過ぎるやろ。

require
〜を必要とする

喜六：へぇ、遅過ぎますやろ？　ハハ。2つ目、力はあんまりないんです。重いもんを持ち上げるような力仕事は向いてまへんなぁ。ほんで、3つ目。あんま

噺五

動物園

111

too much thinking. And No. 4, I'm not very good at talking to people. I can't do a job that requires any kind of communication. And No. 5, I'm not very good in the evening. I can't work past 4 p.m. And if I could find a job like that, and if it would pay me 10,000 yen a day, I would be happy to do that job.

Jimbei : Oh, of course you would. Who wouldn't ⑨ be happy with a job like that? Where ⑩ do you think you're gonna get a job like that? That's … Wait a minute. Kiroku, if I could find you a job like that, would you do it?

Kiroku : Oh, yes! If you could ⑪ get me a job like that, I would be happy to do a job like that. Where am I gonna get a job like that?

Jimbei : Oh, it's the job I was gonna introduce you to ⑫ in the first place. It's at the zoo.

Kiroku : The zoo?

Jimbei : The zoo.

Kiroku : The zoo?

語彙と発音

pay me 10,000 yen
私に1万円払ってくれる

get a [ゲラ]

wait a [ウェイラ]

like that
そのような

訳

り頭もようないんで、いっぱい頭を使う仕事はできまへん。4つ目、あんまり人と話すのは得意やおまへん。人に応対する仕事は向いてまへんなぁ。ほんで、5つ目。夜遅いのも苦手ですねん。4時を過ぎる仕事はできまへん。ほんで、もし、そんな仕事があって、1日に1万円もらえるんやったら喜んでやらせてもらいます。

甚兵衛：そらそやろ。そんな仕事あったら誰でも喜ぶわ。そんな仕事どこで見つけられると思てんねや。そんな…いや、待てよ。喜六、もしそんな仕事をわしが見つけてきてやったら、やるか？

喜六：はぁ、もちろん！ そんな仕事を見つけてくれはるんやったら、喜んでやります。どこへ行ったらそんな仕事見つかりますやろ？

甚兵衛：もともとお前に紹介しようと思てた仕事や。動物園や。

喜六：動物園？

甚兵衛：動物園。

喜六：動物園？

Jimbei : The zoo.

Kiroku : Heh? What kind of a job do they have at the zoo?

Jimbei : Uh, let me tell you. At the zoo, they have all kinds of animals, right? The two most popular animals are the lion and the tiger. Three days ago, the tiger died. The zookeeper, Mr. Hasegawa, doesn't know ⑬ what to do. He's pacing ⑭ back and forth, back and forth. "What am I going to do? What am I going to do? Nobody wants to go to a zoo that has no tiger." Then, bang, Hasegawa has an idea. We have a saying in Japanese, don't we? "Tora ga shinde, kawa wo nokosu." When the tiger dies, the coat remains. I don't know what it means, but we say it. Hasegawa's idea is this. They took the coat off the tiger. It's beautiful. They're looking for a man to put on the tiger's coat, walk around the tiger's cage and ⑮ pretend to be the tiger. No one would know the difference and the zoo would be fine.

Kiroku : Ha-ha, ha-ha. P—p—put on the tiger's coat! Walk around the tiger's cage! Pretend to be the tiger! Who would do a stupid job like that?

Jimbei : You. It's perfect for you.

語彙と発音

*What kind of a
[ワッカインダヴァ]

let me tell you
言わせてもらう

We have ~, don't we?
〜がありますよね?

coat
毛皮

what it means
それが意味すること

look for ~
〜を探す

put on ~
〜を着る

*walk around [ワッカラン]

cage
おり

*pretend to [プリテントゥ]
〜するふりをする

No one ~.
誰も〜ない。

訳

甚兵衛：動物園。

喜六：へぇ?　動物園でどんな仕事しますの?

甚兵衛：ええか、よぉ聞きや。動物園には、いろんな動物がおる、そやろ?　最も人気の動物は、ライオンとトラや。3日前、そのトラが死んだんや。動物園の園長の長谷川さんは、どうしたらええか途方に暮れた。うろうろうろうろ、あっちへ歩き、こっちへ歩き、「どうしたらええ?　どうしたらええんや?　トラがおれへん動物園なんか誰も来てくれへん」と悩んでいたら、バーン!　長谷川さんはええことを思い付いた。日本にはこんなことわざがあるやろ?「トラが死んで皮を残す」。トラが死ぬと皮が残る。意味はようわからんが、ま、そう言うんや。長谷川さんの考えは、こうや。トラの皮を剥ぐ。きれいなもんや。そしてそのトラの皮を着て、トラのおりの中を歩き回り、トラのふりをしてくれる男を探してるんや。誰も違いなんかわからへん。動物園はそれで安泰や。

喜六：ハハハハ。トラの皮を着る!　トラのおりの中で歩き回る!　トラのふりをする!　そんなアホな仕事、誰がやりますねん?

甚兵衛：お前や。お前にぴったりの仕事やないか。

噺
五

動
物
園

Kiroku : Me? Me? No, no, no! I have working conditions, working conditions.

Jimbei : All right. Repeat your working conditions.

Kiroku : All right, I will. No. 1, I'm not very good in the morning. I cannot do a job that starts before 11 a.m.

Jimbei : Perfect. The zoo opens exactly 11 a.m.

Kiroku : Yeah, uh, I'm not very strong. I can't do a job that [16] requires power or heavy lifting.

Jimbei : No power needed. Just walk around in the cage [17] all day.

Kiroku : Yeah, but I'm not very smart. I can't do a job that requires any kind of thinking.

Jimbei : No thinking needed. Just walk around in the cage all day.

Kiroku : Yeah, but I'm not very good at talking to people!

Jimbei : Don't talk to people! Tigers never talk to people. The

語彙と発音	訳
	喜六：私? 私? いや、いや、いや! 私には、仕事の条件がおますねん、条件。
	甚兵衛：わかった。その条件ちゅうやつをもう1回言うてみなはれ。
	喜六：分かりました、言わしてもらいます。まず、一つ目。朝はあんまり得意やおまへんねん。11時より前に始まる仕事はできまへん。
exactly ちょうど	甚兵衛：ちょうどええ。動物園は、ちょうど11時に開園や。
	喜六：ほんで、力はあんまりないんです。重いもんを持ち上げる力仕事はできまへん。
	甚兵衛：力はいらん。1日中おりの中で歩いてたらええんや。
	喜六：はぁ、そやけど、あんまり頭もようないんで、頭を使う仕事はできまへん。
needed 必要とされている	甚兵衛：頭使わんでええ。1日中おりの中で歩いてたらええんや。
	喜六：そやけど、わて、口下手でっせ!
	甚兵衛：しゃべってどないすんねん! トラは人としゃ

噺

五

動物園

117

zoo closes at 4 p.m., and you get 10,000 yen a day. How about it? Don't you think it's the perfect job for you?

Kiroku : Oh, oh. Yes. Jimbei-san, [18] maybe you're right. All right. Maybe I'll go. Maybe I'll try it. Thank you.

 085 新聞はあきまへん！

(*knocking sound*)

Kiroku : Hello! Anybody there? Hello! Hello!

Hasegawa : Uh, yes. Can I help you?

Kiroku : Yes. I'm looking for, Hasegawa-san, the zookeeper of the zoo.

Hasegawa : Yes. I'm Hasegawa. Who are you?

Kiroku : Uh, Jimbei-san sent me. He said you had a job putting on the tiger's coat, walking around the tiger's cage and pretending to be a tiger.

Hasegawa : Oh, you're [19] the one! Come in, come in, come in, come in, come in! Ah, we've been looking for someone. You know, putting on the tiger's coat, walking around the tiger's

べったりせえへん。動物園は4時に閉まって、1日1万円や。どうや？ お前にぴったりの仕事やと思わんか。

喜六：おーおー。そうですなぁ。甚兵衛はん、そうかもしれまへん。分かりました。行ってみます、やってみます。ありがとうございます。

（ノックの音）

喜六：こんにちは！ どなたかいてはりますか。こんにちは！ こんにちは！

長谷川：はい。何かご用でしょうか。

喜六：はい、動物園の園長の長谷川さんをお願いします。

長谷川：はい。私が長谷川ですが。どちらさまですか。

喜六：あのー、甚兵衛さんからの紹介の者ですが。こちらでトラの皮を着て、トラのおりの中で歩き回り、トラのふりをする仕事があると聞いてきました。

長谷川：おぉー、あなたですか！ お入りください、お入りください、ささ、入って、入って、入って。あぁー、誰かいないかと探してたんです。トラの皮を着て、

cage, pretending to be a tiger. Nobody wants to do a stupid job like that [20] these days. You'll be perfect! [21] Right in front of you, this is the tiger's coat. [22] Why don't you try it on?

Kiroku : Oh, this is the tiger's coat. It's beautiful! Heh! Looks like the real thing!

Hasegawa : It is the real thing. Why don't you try it on? Put the legs in. Very good, very good. And then you put your arms in. Excellent. Uh, and the front is a zipper. Excellent. You bring it to the top. And then bring the head over your own head just, ah . . . You look marvelous! Looks like it was tailor-made for you.

Kiroku : Oh, Grr . . . Thank you! Uh, this is [23] fun.

Hasegawa : All right. It's almost time to start. Uh, let's go over here to your cage now. Right? Get in there. Good. *Ga-chan*! *Ga-chan*! All right, it's time to start. Good luck!

Kiroku : Ooh, wait a minute. Hasegawa-san?

Hasegawa : Yes.

トラのおりの中を歩き回り、トラのふりをする仕事。
キョービ、誰もそんなアホな仕事やりたがりません。
あなたならぴったりです！　その目の前にあるのが
トラの皮です。着てみてください。

real thing
本物

喜六：おー、これがトラの皮。きれいですなぁ！　へぇ！
　　　ほんまもんみたいですなぁ。

長谷川：ほんまもんですがな。着てみてください。脚を
　　　　入れて。そう、そう。んで、手を入れて。素晴らし
　　　　い。前はチャック。そうそう。上まで上げて。ほんで、
　　　　トラの頭を自分の頭にかぶせる……似おうてます
　　　　わ！　あつらえたみたいやなぁ。

marvelous
素晴らしい

tailor-made
オーダーメイドの

喜六：おー、グルル……おおきに！　これ、楽しいなぁ。

It's almost time to *do*.
そろそろ〜する時間だ。

go over here
こちらに来る

長谷川：よし、そろそろ開園です。こちらのおりの方に
　　　　来てください。いいですか。入ってください。そうそ
　　　　う。ガチャン！　ガチャン！　ほな、開園時間や。
　　　　頑張って！

喜六：ちょっと待ってください。長谷川さん？

長谷川：何ですか。

噺
五

動
物
園

Kiroku : C—could you tell me about lunch?

Hasegawa : Lunch? Lunch? Well, in one or two hours, an attendant from our zoo [24] is going to come with a wheelbarrow and dump it into your cage.

Kiroku : D—d—d—d—d—dump it into my cage? Dump it into my cage? Is that [25] something people can eat? You know, for lunch, I, I had a little bit too much to drink yesterday, and I was thinking you could bring me some, uh, Japanese soba noodles or something.

Hasegawa : [26] What are you talking about? Think about what you're saying. Hm? If a tiger is in the cage eating soba noodles, people will know he's not a tiger, right? It's raw meat.

Kiroku : Raw meat! No, I've never eaten raw meat before.

Hasegawa : Don't worry, don't worry. You don't have to really eat it. Just pretend to eat it. I'll feed you properly at 4 p.m., when we close. Now good luck.

Kiroku : Oh, wait a minute. Hasegawa-san . . .

語彙と発音

an attendant from ~
～の係の者
wheelbarrow
手押し車

raw meat
生肉

Don't worry. [ドンウォリー]

feed
～に食べ物を与える

properly
ちゃんと

訳

喜六：ひ、昼飯はどうなります？

長谷川：昼食？　昼食？　そうですなぁ。1、2時間もしたら動物園の係の者が手押し車で持ってきて、おりに放り入れてくれます。

喜六：ほ、ほ、ほ、ほ、ほ、放り入れる？　おりに放り入れる？　人間が食べられるもんですか。あの、昨日ちょっと飲み過ぎましたんで、昼食には、できたら、そばか何かを持ってきてもらえたらと思ってたんですわ。

長谷川：何を言うてますの？　自分の言うたことを考えてみなはれ。は？　もしトラがおりの中でそば食べてたら、トラやないと、人にばれてしまいますがな。そうでっしゃろ？　生の肉です。

喜六：生の肉！　わー、今まで生の肉は食べたことないですわ。

長谷川：心配要りません、心配せんでもよろしい。ほんまに食べんでもよろしい。食べるふりさえしたらええ。4時になって閉園したら、ちゃんとしたもん食べさせてあげます。ほな、頑張ってください。

喜六：あぁー、ちょっと待ってください。長谷川さん…。

Hasegawa : What? You know, if the tiger is in the cage saying, "Hasegawa-san, Hasegawa-san . . .," people will know you're not a tiger. What do you want?

Kiroku : No, no, no, no. Nothing, nothing important. I just thought it might get a little bit boring in here. Could you bring me a newspaper?

Hasegawa : No! No newspaper! If you get bored, just walk around the cage a little bit, walk around the cage, walk around the, walk, walk around the, walk . . . That's not ㉗ how a tiger walks! You don't know how a tiger walks? Look and listen. I'll show you. All right? Now, a tiger is a part of the cat family, so when the tiger moves right, it starts by dipping the left shoulder. All right? On the count of three, go one, two, three. And then it goes back. One, two, three. One, two, three. One, two, three.

Kiroku : Oh! Hasegawa-san, you look exactly like a tiger. Wow! Why don't you be the tiger?

Hasegawa : I'm busy. Now, good luck!

語彙と発音

nothing important
大したことではない

get a little bit boring
少し退屈だ

get bored
退屈する

cat family
ネコ科

dip
〜を下げる

訳

長谷川：何ですねん？　あのねぇ、トラがおりの中で、「長谷川さん、長谷川さん」言うてたら、トラやないとばれますやろ。何ですねん？

喜六：いや、いや、いや、いや。何でもない、大したことではないんですけど。この中、ちょっと退屈やなと思いまして。新聞持ってきてもらえまへんか。

長谷川：あかん！　新聞はあきまへん！　退屈したら、おりの中をちょっと歩き回ったらよろしいねん、おりの中を歩き回ったら、歩き回ったら、歩き、歩き、ある……トラはそんな歩き方しまへん！　トラの歩き方も知らんのかいな？　よろしいか、よぉ見て、よぉ聞いてや。教えますから。よろしいか。あのね、トラはネコ科です。そやから、トラが右に動くときは、左の肩を落として歩き始める。よろしいか。3つ数えます。1、2、3。で、今度は戻る。1、2、3。1、2、3。1、2、3。

喜六：おー！　長谷川さん、まるでトラみたいや。わーお！　あんさんがトラしはったら？

長谷川：私は忙しいんです。ほな、頑張ってください！

噺五

動物園

125

 **086**　　猛獣バトル！

Kiroku : Oh . . . What a great job! This is the perfect job for me. Walk around the cage all day and get 10,000 yen a day. Oh, looks like they opened the zoo. Lots of people, coming around my cage. Ah, it looks like the tiger, very popular with children. Many children, coming around my cage. Oh, this little boy. He's saying something. What is he saying? "Mommy, Mommy. That tiger looks scary?" Ha-ha, he thinks I look scary! If I took my head off, and said, "Konnichiwa," I'd be more scary.

Oh, that little girl back there looks like a bad girl. What's she saying? "Mommy, Mommy, let's throw a rock at the tiger"? Bad girl! Oh, I'm gonna scare this girl. Ha-ha. Grr . . . ha-ha. Grrr . . . ha-ha. Grr . . . ha-ha. Grr . . . Woof! Woof! Wrong animal. I[28] should've asked Mr. Hasegawa exactly what a tiger sounds like. I thought—

Oh? That boy back there, he's holding a doughnut. A chocolate doughnut. Oh, I love doughnuts, and come to think of it, I haven't eaten anything all day. I would love to get my hands on that doughnut. Grr . . . Grr . . . Give me the doughnut. Grr . . . Give me the doughnut. Grr ... Give me that doughnut . . .

Boy : Mommy, Mommy. That tiger over there, he's been saying to me, "Give me the doughnut, give me the doughnut." Should I give it to him?

語彙と発音

Looks like ~.
どうやら～のようだ。

scary
怖い

back there
そこの後ろに

wrong animal
違う動物

come to think of it
考えてみると、そう言えば

get one's hands on ~
～を手に入れる

Grr …

訳

喜六：おー…ええ仕事やなぁ！　わてにぴったりの仕
事や。1日中おりの中を歩き回るだけで1万円もら
える。お、開園したみたいやなぁ。ぎょうさんの人
が私のおりの周りに集まってくるなぁ。あぁ、トラは
子どもらに人気みたいやなぁ。ぎょうさんの子ども
たちが私のおりの周りにやってきたわ。おー、この
男の子。何か言うてるなぁ。何言うてるねん？「お
かあちゃん、おかあちゃん。このトラ怖そうやなぁ?」
ハハ、私を怖いて思てる！　この頭脱いで、「こん
にちは」言うたらよけい怖いで。

　お、あそこにおる女の子、悪そうな子やなぁ。何
言うてるねん？「おかあちゃん、おかあちゃん。あ
のトラに石投げたろか?」。悪い子やなぁ！　あの
子、怖がらしたろ。ガルル。ハハ。ガルルルルル
ルル……ハハ。ガルルルルルルル……ハハ。
ガルルルルルルルル……ワン！　ワン！　動物
間違えた。長谷川さんにトラはどう吠えるか聞いと
くべきやったなぁ。

　お？　あそこにおる男の子、ドーナツ持ってるや
ん。チョコレートドーナツや。ドーナツ好きやねん
なぁ。そういえば、一日中何も食べてないなぁ。あ
のドーナツ欲しいなぁ。ガルル……ガルルルルル
ル……ドーナツくれ。ガルルル……ドーナツくれ。
ガルルル……そのドーナツくれ……

男の子：おかあちゃん、おかあちゃん、あのトラなぁー、
僕に「ドーナツくれ、ドーナツくれ」言うてるでぇ。
あげた方がいい？

Mommy : Of course you shouldn't, dear. Tigers don't eat doughnut. Tigers eat meat.

Boy : Yeah, but he's been saying to me, "Give me the doughnut, give me the doughnut. Mr. Tiger, would you like this doughnut?

Kiroku : Grr . . .

Boy : OK, here we go ... Mommy, Mommy, that tiger just stood up and caught the doughnut in his hands!

Kiroku : Oh, very difficult to eat this. Ha-ha. Mmm.

Boy : Mommy, Mommy! That tiger's took off his head and another head came out.

Kiroku : Oh, very dangerous. Oh, but what a nice little boy. Grr . . . Thank you! Oh, so many people coming around my cage all of a sudden. Oh, it must be s—some kind of e— event or something. Oh, that's a man in a tuxedo, holding a microphone. I wonder what's going on!

Man : Ladies and gentlemen! Thank you for coming to our zoo today! In a few moments, for your entertainment, pleasure,

語彙と発音

catch ~ in his hands
両手で〜を受け取る

difficult to [ディフィカルトゥ]

all of a sudden
突然

I wonder what's going on.
何が起こっているんだろう。

訳

母親：そらあきません。トラはドーナツなんか食べません。トラはお肉食べますの。

男の子：うん、でも、あのトラ、僕に「ドーナツくれ、ドーナツくれ」言うてんねん。あのぉ、トラさん、このドーナツ欲しい？

喜六：ガルルルル……

男の子：わかった、ほな、いくで……おかあちゃん、おかあちゃん、あのトラ、（二本足で）立ち上がって両手でドーナツ受け取った！

喜六：食べにくいなぁ。ハハ。むしゃむしゃ。

男の子：おかあちゃん、おかあちゃん！　あのトラ、頭取ったらもう一つの頭が出てきた！

喜六：おー、えらい危ないとこや。いやぁ、しかし、ええ子やなぁ。ガルルルル……おおきに！　お、急に、ぎょうさんの人が私のおりの周りにやってきたなぁ。お、どうもイベントか何かやな。あ、あの男性は、タキシード着て、マイク持ってる。何があるんやろ？

男性：皆さま!　本日は当動物園にご来園いただき、誠にありがとうございます。ただ今より、皆さまにお

I am pleased to announce a special attraction show. Wild
Animal Battle! In this cage, we have the lion. In the
neighboring cage, we have the tiger. When I give the word,
we are going to bring the lion into the tiger's cage. The lion,
king of the jungle. The tiger, king of the beasts. Who will
win? Who will die? Let the games begin.

Kiroku : Oh, nobody told me about Wild Animal Battle. They
said I could, they said I could start at 11 a.m. They said I
could finish at 4 p.m. They said I could get 10,000 yen a day
just walking around the cage. Oh, that's a real lion coming
into my cage! Go away! Go away, Mr. Lion! He's not listening
to me. Oh, I don't want to die. I can't believe this. *Namu
amidabutsu! Namu amidabutsu! Namu amidabutsu!*

Sunshine : The tiger is shaking and shaking and praying to
the Buddha for his life. The lion is enormous, big, fierce,
terrifying. The lion walks up to the tiger, step by step by
step. *Noshi-noshi-noshi*. Opens his giant jaws over the
tiger's head and says, "Don't worry. I'm also getting 10,000
yen a day."
Thank you very much. You've been a wonderful audience.
Thank you very much.

楽しみいただけますよう、スペシャルアトラクション
ショー、猛獣バトル！をお届けします！　これなる
おりにはライオン。その隣のおりには、トラがおりま
す。私の合図で、こちらのライオンをば、あちらの
トラのおりに放ちます。ジャングルの王者ライオン
と、百獣の王トラ。さあ、どちらが勝つか？　どちら
が死ぬか？　バトルの始まりでーす。

neighboring
隣の

nobody ~
誰も～ない

喜六：えぇー、猛獣バトルやなんて聞いてないでぇ。
　　　11時に仕事始めて、4時に終わって、おりの中を
　　　歩き回るだけで1日1万円もらえるって聞いただけ
　　　や。わー、本物のライオンがおりの中に入ってくる！
　　　あっち行け！　あっち行ってくれ、ライオンさん！
　　　聞いてないがな！　あぁー、死にたない！　うそ
　　　やぁ！　南無阿弥陀仏！　南無阿弥陀仏！　南無
　　　阿弥陀仏！

shake
震える

pray to ~ for ...
～に…を祈る

enormous
巨大な

fierce
どう猛な

terrifying
恐ろしい

walk up to ~
～に近づいてくる

jaw
あご

三輝：トラはブルブルと震えながら、命乞いの念仏を
　　　唱えておりました。ライオンは巨大、大きく、どう猛
　　　で、恐ろしい。トラに向かって1歩1歩、また1歩と
　　　近づいてきます。のし、のし、のし。トラの頭に向
　　　かって大きな口を開け、「心配すな。わしも1日1万
　　　円で雇われてんねん」
ありがとうございました。素晴らしいお客さまでご
ざいました。ありがとうございました。

噺
五

動
物
園

131

落語で学べる
英語表現

表現 1 **spend + 時間 + *do*ing**（時間を〜して過ごす）

We spend so much time working in our lives … (p. 108)

人生の中で働いている時間は長い…。

上の文を直訳すれば、「私たちは人生でとても多くの時間を働いて過ごす」。〈spend + 時間 + *do*ing〉で「時間を〜して過ごす／使う」という表現です。目的語には「時間」のほかに「お金」や「エネルギー」もよく使われます。

英語で言ってみよう！　　　　　　　　　　　　　　🔊 **087**

A: ボーナスを全部、ヨーロッパ旅行に使っちゃいました。

B: 本当に旅行が好きなんだね。イタリアには行った？

A: ええ、3日間、観光をしたり、美術館に行ったり、買い物をしたりして過ごしました。

A: I **spent** all my bonus **traveling** around Europe.

B: You really like traveling, don't you? Did you go to Italy?

A: Yeah, I **spent** three days **sightseeing**, **visiting** museums and **shopping**.

文法 2 **強調：even 〜（比較級）**（それよりさらに〜）

That's even worse. (p. 110)

余計いかんがな。

このevenは比較級を「それよりさらに〜」と強調しています。ここでは、bad（悪い）の比較級worseを強調しています。比較級を強調する語句には、ほかにmuch（ずっと）、a lot（ずっと）、far（はるかに）などがあります。

英語で言ってみよう！　　　　　　　　　　🔊 088

A: 新しいロゴのデザインは終わったかい？

B: はい、ここにあります。ずっと多く時間をかけました。どうでしょう？

A: おお、ずっといいね。

B: そう言ってもらえてよかったです。

A: でも、さらによくできると思わんかね？

A: Did you finish designing the new logo?

B: Yes, it's here. I spent **a lot more** time on it. How's it now?

A: Oh, yeah, it's **much better**.

B: I'm glad to hear that.

A: But don't you think you can make it **even better**?

文法 **3** 仮定法過去：It is time S+V（過去）（SはVしていていいころだ）

Don't you think it's time you started working for a living?
(p. 110)

そろそろ食べていけるよう、働き始めなあかんと思わんか。

 上の文は直訳すると「あなたは生活のために、もう働き始めていてもいいころだと思わないか」。〈It is time S＋V（過去）〉は仮定法過去の慣用表現で、「もうSはVしていていいころだ」を意味します。仮定法で表現することで「もっと早くそうすべきなのに」という気持ちを込めています。time の前に about（そろそろ）を入れることもあります。

英語で言ってみよう！　　　　　　　　　　🔊 089

A: トニーはまだかい？　もうすぐ9時だ。新幹線は9時5分発だよね。

B: ええ、もう来ていてもよさそうなものですが。この改札に9時10分前に来るように言ったんです。携帯に電話してみます。

A: Has Tony come yet? It's almost 9:00. Our shinkansen leaves at 9:05, right?

B: Yeah, **it's about time** he **got** here. I told him to be here at the gate at 10 to 9:00. Let me call him on his cellphone.

噺
五

動
物
園

133

動詞：do 〜（〜をする）

I would like to do a job. (p. 110)

仕事欲しいんです。

将棋は「指す」、碁は「打つ」と言いますが、特定の動詞を使わずに「する」と言ってもOKですよね。この英語バージョンがdo。上の文の直訳は「私は仕事をしたい」。doがよく使われる表現には、do the dishes（皿洗いをする）、do the washing（洗濯をする）、do yoga（ヨガをする）、do lunch（ランチをする）などがあります。

英語で言ってみよう！

◀ **090**

A: 仕事のストレス解消法は？
B: うん、飲みに行ったり、ゴルフや水泳なんかのスポーツをする。君は？
A: 私は仲良し友達とランチをする、おしゃべりやうわさ話とかして。それとヨガをしにフィットネスクラブに行く。

A: How do you relieve stress from work?
B: Well, I go for a drink, and **do** sports like golf and swimming. Yourself?
A: I **do** lunch with good friends, chat and we gossip and everything. And I go to the fitness club to **do** yoga.

キーワードの繰り返し：working conditions

I have several working conditions. (p. 110)

仕事に条件ちゅうのがおまんねん。

この噺では、working conditions（労働条件）がキーワードの一つになっています。落語の中ではここで4回、しばらくした後に3回繰り返えし言われています。いやでも聞き手の耳に残りますね。この話術、売り込みなどのプレゼンに使えそうです。

◀ **091**

わが社の新しい口紅、キスミー・トワイスは大ヒット商品です。キスミー・トワイスは独特のフレッシュピーチ色で人気です。キスミー・トワイスをつけていれば「キスミー・トワイス（2回キスして）」なんて言わなくても大丈夫。

Kiss Me Twice, our new lipstick, is a big hit. ***Kiss Me Twice*** is popular for its unique color of fresh peach. You don't have to say, "**Kiss me twice**," with ***Kiss Me Twice*** on your lips.

表現 6 **be good**（得意だ）

I'm not very good in the morning. (p. 110)
朝はあんまり得意やおまへんねん。

goodはいろいろな日本語に訳されますが、そのうちの一つが「得意な」です。上の文ではin the morning を従えて「私は、午前中はあまり得意でない」と言っています。「技術」などが熟練したという意味での「得意だ」ならbe good at 〜、「扱い」などが得意ならbe good with 〜、得意の「範囲（分野）」を示すならbe good in 〜です。

◀ **092**

A: 今日の午後、うちの子どもたちを2、3時間見てもらえないかしら。
B: う〜ん。僕にできるかどうか分からないな。小さい子どもの相手をするのはあまり得意じゃないんだ。ほら、何をやったり話したりしたらいいか分からないんだ。おまけに、子どもの英語を理解するのはあまり得意じゃなくて。

A: Could you take care of my children for a couple of hours this afternoon?
B: Hm, I don't know if I can. I**'m** not very **good with** little kids. I mean, I don't know what to do or talk about with them. And I**'m** not very **good at** understanding kids' English.

噺五

動物園

135

7 文法 関係代名詞：使用頻度の高い that

I cannot do a job that starts before 11 a.m. (p. 110)

朝11時より前に始まる仕事はできまへん。

関係代名詞は、先行詞が「人」の場合はwho、「人以外」の場合は thatかwhichを基本的には使います。口語での使用頻度は、上の 例のように、whichよりもthatの方が圧倒的に高いです。

英語で言ってみよう！

🔊 **093**

資料の3ページを開けて、図4をご 覧ください。これは、過去10年にわ たる海外市場での当社の売り上げを 示すグラフです。この期間、アジア 市場に劇的な売り上げ増があったこ とが分かりますね。

Turn to Page 3 of the handout and take a look at Figure 4. This is a graph **that** shows our sales in overseas markets over the past 10 years. You can see the dramatic rise **that** took place in the Asian market during the period.

8 表現 smart（賢い）

I'm not very smart. (p. 110)

あんまり頭もようないんで。

私たちは「スマート」を「体形がほっそりした」の意味で使いますが、 英語のsmartにこの意味はありません（見た目に関するものはイギリ ス英語の「身なりがきちんとした」）。アメリカ英語でsmartと言えば 「賢い」。今はsmartphoneを始め、コンピューター制御の「賢い」 機器などにも使われていますね。

🔊 094

英語で言ってみよう！

A: 見て！　新しいスマホを買ったの、最新モデル。
B: いいね！　高くなかった？
A: 高かったけど、それだけの価値はあるわ。前より速いし、カメラがすごいの。賢い買い物だった思う。

A: Look! I've got a new **smart**phone, the latest model.
B: Cool! Wasn't it expensive?
A: It was, but it's worth it. It's faster and the camera is excellent. I think I made a **smart** buy.

表現

9 **be happy with ～（～に満足である）**

Who wouldn't be happy with a job like that? (p. 112)

そんな仕事あったら誰でも喜ぶわ。

上の文の直訳は「そのような仕事に誰がハッピーにならないだろうか」。would（仮定法）を使っているため、「仮に（そんな仕事があったら）」の含みがあります。be happy with ～は「～に関して満足である」。この with は「関する with」です（p. 102 の ❽ 参照）。

🔊 095

英語で言ってみよう！

A: 仕事に満足している？
B: 正直なところ、あんまり。給料は満足だけど、退屈。
A: こっちもおんなじ。ここだけの話なんだけど、起業しようか考えているんだ。一緒にやらない？

A: **Are** you **happy with** your job?
B: Not really, to be honest. I**'m happy with** the pay but it's boring.
A: Same here. Just between you and me, I'm thinking of starting up my own business. Would you like to join me?

噺

五

動物園

文法 10 do you thinkの挿入：疑問詞 + do you think + ...？

Where do you think you're gonna get a job like that? (p. 112)

そんな仕事どこで見つけられると思てんねや。

Where did he go?（彼はどこへ行きましたか）を「彼はどこへ行った<u>と思いますか</u>」と言い換える場合、Where <u>do you think</u> he went? とします。疑問詞Whereのすぐ後にdo you thinkを挿入し、後はhe wentとします。do you thinkで疑問文の形式を取っているため、後をdid he goと疑問文の形にする必要がありません。

英語で言ってみよう！　　　　　　　　　　　　　　　🔊096

A: 明日は真理ちゃんの誕生日なんだけど。彼女はどんなプレゼントを欲しがってると思う？
B: 分からない。彼女に聞いたら？
A: メールしたけど、返事が来ないんだ。
B: なんで返事をくれないと思う？
A: 知らない。聞いてもらえる？

A: Tomorrow is Mari's birthday. What kind of present **do you think** she wants?
B: I don't know. Why don't you ask her?
A: I texted her, but she hasn't answered.
B: Why **do you think** she hasn't answered?
A: I don't know. Can you ask her?

文法 11 授与動詞のget：get *A B* 〜（AにBをゲットする）

If you could get me a job like that, I would be happy to do a job like that. (p. 112)

そんな仕事を見つけてくれはるんやったら、喜んでやります。

getは「誰に」「何を」と目的語を2つ取る授与動詞としても使われます。この用法では、getは「手に入れる／買う／取る」などを意味します。次ページ上の「英語で言ってみよう！」の最後の文のcallも授与動詞として使われています。call me a taxiで「私にタクシーを呼ぶ」です。

英語で言ってみよう！

A: うううう…気持ち悪い。ちょっと飲みすぎたかな。
B: 大丈夫？　お水を持ってこようか。
A: ありがとう。それとタクシー呼んでもらえない？

A: Eww ... I feel sick. I'm afraid I drank a little too much.
B: Are you all right? Can I **get you some water**?
A: Yes, thanks. And could you **call me a taxi**?

表現

12 in the first place (そもそも／もともと)

Oh, it's the job I was gonna introduce you to in the first place.
(p. 112)

もともとお前に紹介しようと思てた仕事や。

in the first place は first（まず第一に）を強調した表現ですが、直訳すれば「第1位に」。単に順番を述べるのであれば first だけで十分で、強調して in the first place と言えば「そもそも／もともと」といった意味になります。

英語で言ってみよう！

🔊 098

A: どうして日本人は英語があまり上手でないんですか。
B: そもそも、私たちは日常生活で英語を使う必要がないんです。なので、ほとんどの人は英語の読み方を学んで終わります。それと、日本語が英語を母語とする話者にとって難しいように、英語は日本人にとって難しい言語なんです。2つの言語には非常に大きな違いがあるんです。

A: Why can't the Japanese speak English very well?
B: **In the first place**, we don't need to use English in our everyday lives. So, most of us end up learning how to read it. Also, English is a difficult language for us just as Japanese is difficult for English native speakers. There are huge differences between the two languages.

噺
五

動
物
園

13 疑問詞 + to *do*（不定詞）

The zookeeper, Mr. Hasegawa, doesn't know what to do. (p. 114)

動物園の園長の長谷川さんは、どうしたらいいか途方に暮れた。

 〈疑問詞＋to *do*〉は「疑問詞＋すべきか」。上のように、疑問詞が whatで、後ろがto doなら「何をすべきか」。そのほか、what to eat（何を食べるべきか）、who to ask（誰に尋ねるべきか）、where to go（どこへ行くべきか）、when to start（いつ始めるべきか）、how to swim（どう泳ぐべきか＝泳ぎ方）、which to choose（どちらを選ぶべきか）のように、この用法はwhyを除くすべての疑問詞で可能です。

| 英語で言ってみよう! | 099 |

オフィスで誰かが心臓発作を起こしたら、何をすべきか、何をやってはいけないかを知っておいてください。今までにAEDを使ったことはありますか。使い方は知っていますか。

Everyone should learn **what to do** and **what** not **to do** when someone has a heart attack in your office. Have you ever used an AED? Do you know **how to use** one?

14 back and forth（前後に／往復して）

He's pacing back and forth, back and forth. (p. 114)

うろうろうろうろ、あっちへ歩き、こっちへ歩き。

 上の文のpaceは「行ったり来たりする」。これにback and forth（前後に／往復して）が加わり、上の訳のようになります。ハイフンでつないで一つの形容詞にした、back-and-forth discussion（堂々巡りの話し合い）という表現もあります。また、back and forthの類似表現に、前置詞を使ったto and fromがあります。

英語で言ってみよう！　　　　　　　　　　　100

A: ホテルと空港を往復するシャトル
バスはありますか。

A: Do you have a shuttle bus going **back and forth** between the hotel and the airport?

B: はい、空港への、または、空港からの無料の送迎サービスをしております。

B: Yes, we offer a free shuttle service **to and from** the airport.

表現 15 **pretend to ～** (～するふりをする)

... and pretend to be the tiger. (p. 114)

トラのふりをして…。

pretendは「～のふりをする」。この後にto *do*（不定詞）を続けたのが上の例文。pretend (that) S + V ... という構文でも使えます。昔、こんな歌がありました。Pretend you're happy when you're blue.（ブルーなときにはハッピーなふりをしなさい）。不定詞で言い換えれば、Pretend to be happy ... となります。

英語で言ってみよう！　　　　　　　　　　　101

A: このごろ元気がないね。どうしたの？　ボーイフレンドとのトラブル？

B: いいえ、そんなんじゃない。

A: じゃあ、君のために歌わせて。♪ブルーなときにはハッピーなふりをしなさい…♪

B: やめてくれない、お願い。余計気が落ち込むわ。

A: You look depressed these days. What's wrong? Boyfriend troubles?

B: No, nothing like that.

A: Then, let me sing for you. ♪**Pretend** you're happy when you're blue ... ♪

B: Could you stop, please? It's getting me down even more.

噺
五.

動
物
園

16 表現 require (〜を必要とする)

I can't do a job that requires power or heavy lifting. (p. 116)

重いもんを持ち上げる力仕事はできまへん。

requireという動詞はほとんどの場合、上の例のように「物事」が主語になり、「（物事が、ある目的のため／条件として）〜を必要とする／要求する」という意味になります。このため、人が主語になるときにはWe're required to *do*（私たちは〜する必要がある）のような受け身の表現がよく使われます。名詞はrequirement（必要条件）で、しばしば複数形で使われます。

英語で言ってみよう！　　　　　　　　　　　　🔊102

A: で、必要条件は何ですか。	A: So, what are the **requirements**?
B: 英語を流暢に書けて話せる必要があります。	B: You**'re required** to be able to write and speak English fluently.
A: そうですか。事前の経験はどうですか。	A: Uh-huh. How about prior experience?
B: 経験は不要です。	B: It**'s** not **required**.

17 文法 all day (一日中)

Just walk around the cage all day. (p. 116)

1日中おりの中で歩いてたらええんや。

all day は「一日中」。関連する表現も覚えておきましょう。all morning（午前中ずっと）、all afternoon（午後ずっと）、all evening（夜ずっと）、all night（ひと晩中）、all week（1週間ずっと）、all month (long)（1カ月ずっと）、all year (round)（1年中）。

103

英語で言ってみよう！

A: オフィスに折り返しお電話でいい
   ですか。
B: あいにく今日は一日中出ています
   が、携帯でなら連絡がつきます。
   番号はお分かりですよね。
A: はい。では、後ほどお掛けします。

A: Can I call you back at the office?
B: Sorry, I won't be in the office **all day** to-
   day, but you can reach me on my cell-
   phone. You have my number, right?
A: Yes, I do. Then, let me call you later.

18 表現 maybe 〜（ひょっとすると〜）

Jimbei-san, maybe you're right. (p. 118)

甚兵衛はん、そうかもしれまへん。

maybeは「たぶん〜」と、文全体を修飾する副詞です。似た副詞に
possibly（事によると）、perhaps（ひょっとすると）、probably（おそらく）、
definitely（確実に）などがあります。あえて確信の度合いを数字で示
せば、possibly（30% 以下）、maybe（30-50%）、perhaps（30-50%）、
probably（80% 以上）、definitely（100%）といったところです。

英語で言ってみよう！

104

A: あなたは会社の宴会に参加する？
B: もちろん。敬子も来るよね。
A: 「たぶん」って言ってた。ああ、それ
   から会費は9,000円よ。
B: 9,000円！　まいったな。おそらく
   やめておくよ。

A: Are you going to the office party?
B: **Definitely**. Keiko's coming, right?
A: She said, "**Maybe**." Oh, and the fee is
   9,000 yen.
B: Nine thousand yen! Oh, no. I'll **probably**
   give it a miss.

噺
五

動
物
園

19 文法 the one (その人／もの)

Oh, you're the one! (p. 118)

おぉー、あなたですか！

上の文は直訳すると「おぉー、あなたが<u>その人</u>ですね」。この one は代名詞で、the one で「（特定の存在を強く指した）人／もの」を意味します。the one の後に修飾語句（節）が続くことがよくあります。ここでは、the one <u>Jimbei-san sent</u>（甚兵衛さんが差し向けてきたその人）の下線部が略されています。

英語で言ってみよう！	🔊105

A: ね、あの人見て！ 格好よくない？

B: あぁ、峰子が付き合ってる人だね。

A: ただのうわさよ。

B: いや、うわさじゃないよ。峰子自身が僕に言ってた。

A: 本当に？ 彼、私が付き合い始めた人なのよ。

A: Hey, look at that guy! Isn't he cool?

B: Yeah, he's **the one** Mineko is dating.

A: That's just a rumor.

B: No, it's not a rumor. Mineko told me herself.

A: Seriously? He's **the one** I've just started dating.

20 文法 these days (このごろ)

Nobody wants to do a stupid job like that these days. (p. 120)

キョービ、誰もそんなアホな仕事やりたがりません。

「最近」を意味する副詞には、① these days（このごろ）、② lately（ここ最近）、③ recently（最近）などがあります。違いは、①は「現在」に、②は「近い過去から現在」に、③は「近い過去」に焦点があります。従って、①は現在形、②は現在完了形、③は現在完了形と過去形の文で使われる傾向があります。

144

英語で言ってみよう！　106

A: ここ最近、何か面白い本を読んだ？

B: いや、このごろ忙しすぎて。

A: この異文化コミュニケーションの本、読む価値が十分にあるよ。最近出版されたばかりだけど。

A: Have you read any interesting books **lately**?

B: No, I'm too busy **these days**.

A: Well, this book about cross-cultural communication is well worth reading. It was only published **recently**.

21 強意のright

Right in front of you, this is the tiger's coat. (p. 120)

その目の前にあるのがトラの皮です。

　このrightは、「場所／時間」を表す前置詞句や副詞（節）に「すぐに、まさに、ずっと、すっかり」と強意を加える副詞です。場所を表す語句では、「右の」という意味と勘違いしないように注意しましょう。

英語で言ってみよう！　107

A: そのデータ、すぐメールで送ってくれない？　午後の会議に必要なの。

B: 会議は何時に始まりますか。

A: お昼の休憩後すぐ。ねえ、どこへ行くの？

B: すぐに戻ってきます。トイレ。

A: Could you email the data **right** now? I need it for a meeting in the afternoon.

B: When does the meeting start?

A: **Right** after lunch break. Hey, where are you going?

B: I'll be **right** back. Nature calls.

噺
五

動
物
園

22 Why don't you ～? (～したらどう?)

Why don't you try it on? (p. 120)

着てみてください。

 Why don't you ～? の直訳は「あなたはなぜ～しないのか」。これが転じて、「～したらどう?」と提案・助言・勧誘などを表します。親しい間柄で用い、目上の人には使わない方が無難です。また、you を we にすると Why don't we ～? (～しようよ) になります。

英語で言ってみよう! 🔊 **108**

A: TGIF!　さあ仕事を上がりましょう。
B: TGIFって何?
A: 「やったー、金曜だ」の略。
B: 僕はこれを今日終わらせないと。
A: またあ、篠さん。亜紀と私は飲みに行くんだけど。一緒に行こうよ。

A: TGIF! **Why don't we** call it a day?
B: What do you mean by TGIF?
A: It stands for "Thank God, it's Friday."
B: I think I should finish this today.
A: C'mon, Shino-san. Aki and I are going for a drink. **Why don't you** join us?

23 fun (楽しみ)

Uh, this is fun. (p. 120)

これ、楽しいなぁ。

 fun は、～ is fun. (～は楽しい) のように使われるので、形容詞のように見えますが、実は「楽しみ」という名詞です (a fun time のように形容詞で使われることもある)。「～するのは楽しい」には、It's fun to *do*. や It's fun *do*ing. が使われます。

英語で言ってみよう！

A: 自動運転車が手ごろな値段で売り出されたら、あなたは買う？

B: いや、絶対に買わない。何もせずに運転席に座っていても楽しくない。

A: でも、ほかの楽しみがあるわよ、本を読むとかテレビを見るとか。

A: Would you buy a self-driving car if it was on the market at a good price?

B: Definitely not. **It** would **be** no **fun** just **to** sit behind the wheel doing nothing.

A: But you could have other **fun** like reading a book or watching TV.

文法

24 be going to ～ (～する予定)

an attendant from our zoo is going to come with a wheelbarrow ... (p. 122)

動物園の係の者が手押し車で持ってきて…。

未来を表す述部は6通り。「～」には動詞を入れます。① ～、② will ～、③ be going to ～、④ be ～ ing、⑤ will be ～ ing、⑥ be going to be ～ ing。それぞれの違いをまとめると、①は「確定的：～する」、②は「（ほぼ確実な）予測：～するだろう」、③は「（準備や前兆からの）予定／予測：～する予定」、④は「（手配や約束ができている）予定：～することになっている」、⑤は②＋④で「～することになるだろう」、⑥は③＋④で「予定で～することになっている」となります。

英語で言ってみよう！

A: 明日の予定は？

B: 特にないけど。どうして？

A: 道子とランチすることになっているんだけど。参加する？ あなたに会えたら、きっと彼女は喜ぶわ。

A: What **are** you **going to** do tomorrow?

B: Nothing much. Why?

A: I'm **doing** lunch with Michiko. Would you like to join us? I'm sure she'd be pleased to see you.

噺
五

動
物
園

25 表現 something 〜（何か〜のようなもの）

Is that something people can eat? (p. 122)

人間が食べられるもんですか。

上の訳文のような日本語って英語に訳しにくいですよね。でも、somethingのこんな使い方を知っていると簡単に言えます。上の英文のようにsomethingの後に関係代名詞節を従えて表現しましょう。someoneも同じような使い方ができます。

英語で言ってみよう！　　　　　　　　　　　　　　　　111

A: ベトナム語が話せる人が必要なんだ。見つけるのが本当に難しいね。

B: そうね、ドイツ語やフランス語、スペイン語のようなヨーロッパの言語と違って、日本では勉強する人がほとんどいないものね。

A: We need **someone** who can speak Vietnamese. It's really hard to find anyone.

B: Yeah, unlike European languages such as German, French and Spanish, it's **something** very few people learn in Japan.

26 話術 修辞疑問文：What are you talking about?（何を言ってるんだ？）

What are you talking about? (p. 122)

何を言うてますの?

直訳は「あなたは何について話しているのですか」。この意味で使われることもありますが、多くは「（ばかげた発言にあきれて）何を言ってるんだ」を意味する修辞疑問文（p. 52の❹参照）です。ほかに、What are you doing?（何やってんだよ）とかWho do you think you are?（自分を何さまだと思ってんだか）などがあります。

英語で言ってみよう！　112

A: 何をやってんだ。また遅刻だよ。何時だと思ってんだ。クライアントがお待ちかねだ。急いで！
B: 急いで食べてもいいですか。朝食を食べる時間がなかったので。
A: 何を言ってんだね。

A: **What are you doing?** You're late again. **What time do you think it is?** Your client has been waiting. Hurry up!
B: Can I have a quick bite? I didn't have time to eat breakfast.
A: **What are you talking about?**

文法

27　関係副詞：(the way) how S + V（SがVする方法／様態）

That's not how a tiger walks! (p. 124)

トラはそんな歩き方しまへん！

直訳すると「それはトラの歩く方法ではありません」。実はこの文には、the way（方法／様態）という先行詞が省略されています。That's not the way how a tiger walks. が元の形です。この the way how S + V（どのようにSがVするかその方法／様態）では the way か how のいずれかが省略されます。従って、上の文は how を省略して、That's not the way a tiger walks. と言うこともできます。

英語で言ってみよう！　113

A: インターネットでコミュニケーションの方法が大きく変わりましたね。
B: 本当に。かつては国内にも海外へもたくさん出張に行ったものです。今はテレビ会議システムのスイッチを入れるだけで、つながっちゃうんですから。

A: The internet has significantly changed **the way** we communicate.
B: True. We used to travel a lot both at home and overseas. Now, just switch on a video conference system, and you're connected.

噺五

動物園

149

28 文法 仮定法過去完了：should have ～（過去分詞）（～すべきだった）

I should've asked Mr. Hasegawa exactly what a tiger sounds like. (p. 126)

長谷川さんにトラはどう吠えるのか聞いとくべきやったなぁ。

 仮定法過去が「今（または未来）に対する仮定」であるのに対して、仮定法過去完了は「過去（あのとき）の仮定」です。〈should＋動詞の原形〉＝「～すべきだ」に対し、〈should have＋過去分詞〉は「（あのとき）～すべきだった／～すればよかった」の意味になります。

| 英語で言ってみよう！ | 🔊 114 |

A: 英語落語は楽しめましたか。
B: はい、楽しく笑いながらたくさん学びました。もっと早く、こういう勉強のやり方を取り入れるべきでした。
A: 学ぶのに遅すぎることなし。さあ、1ページ目に戻って最初からまた楽しんでください。

A: Did you enjoy English rakugo?
B: Yes, I've learned a lot while having a good laugh. I **should've taken** this kind of approach earlier.
A: It's never too late to learn. Now, go back to Page 1 and enjoy it all again.

嘯
五

動
物
園

桂三輝
Katsura Sunshine

能と歌舞伎に興味を抱き、1999年に来日。2003年からアコーディオン漫談や英語落語の活動を始める。'07年に大阪芸術大学大学院芸術研究科に入学し、落語を研究。'08年、桂三枝(現・六代桂文枝)に弟子入りし桂三輝と命名される。'13年、在日本カナダ商工会議所文化大使に就任し、北米ツアーを開催。'14年からワールド・ツアーを開始、13カ国を巡る。アフリカツアーも果たし、世界5大陸を制覇。'15年、日本スロヴェニア親善大使に就任。'19年には ニューヨークの歴史あるオフブロードウェイにある劇場、ニュー・ワールド・ステージにて初めてとなる落語のロングラン公演。さらに、英語、フランス語を使ったワールドツアーを開始し、これまで5大陸15カ国で講演を行い、日本の伝統文化を世界に発信している。

松岡 昇
Noboru Matsuoka

アルクの通信講座「1000時間ヒアリングマラソン」の主任コーチ。獨協大学、東洋大学講師。著書に『日本人は英語のここが聞き取れない』(アルク) など。自身も英語落語を披露し、落語に造詣が深い。

桂三輝の英語落語

発行日	2020年3月12日 初版	デザイン	尾崎行欧、宗藤朱音(oi-gd-s)
		DTP	榊デザインオフィス
		印刷・製本	シナノ印刷
演者	桂三輝	録音	財団法人 英語教育協議会
解説・コラム執筆	松岡 昇	ナレーション	Dominic Allen ／ Julia Yermakov
翻訳	きたがわちほ／松岡 昇		
編集	株式会社アルク 出版編集部	発行者	田中伸明
編集協力	WIT HOUSE	発行所	株式会社アルク
校正	挙市玲子／Peter Branscombe		〒102-0073
挿絵	浅妻健司		東京都千代田区九段北4-2-6市ヶ谷ビル
写真	田村 充		Website https://www.alc.co.jp/